亲历危机

危中有"机"
在逆境中找到行动的勇气

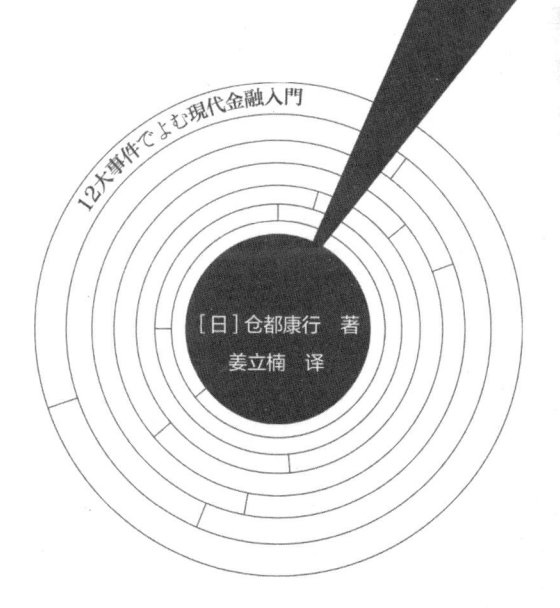

12大事件でよむ現代金融入門

［日］仓都康行 著
姜立楠 译

北京时代华文书局

图书在版编目（CIP）数据

亲历危机 /（日）仓都康行著；姜立楠译 . — 北京：北京时代华文书局，2020.6
ISBN 978-7-5699-3633-9

Ⅰ . ①亲… Ⅱ . ①仓… ②姜… Ⅲ . ①金融—经济史—世界—通俗读物 Ⅳ . ① F831.9-49

中国版本图书馆 CIP 数据核字（2020）第 078896 号

12 DAIJIKEN DE YOMU GENDAI KINYU NYUMON
by YASUYUKI KURATSU
Copyright©2014 YASUYUKI KURATSU
Chinese (in simplified character only) translation copyright©2020 by Beijing Times-Chinese Press
All rights reserved.
Original Japanese Language edition published by Diamond,Inc.
Chinese (in simplified character only) translation rights arranged with Diamond,Inc.
Through BARDON-CHINESE MEDIA AGENCY.

北京市版权局著作权合同登记号 图字：01-2016-7998

亲历危机
QINLI WEIJI

著　　者｜［日］仓都康行
译　　者｜姜立楠

出 版 人｜陈　涛
选题策划｜张超峰
责任编辑｜张超峰
责任校对｜张彦翔
装帧设计｜颜森设计　迟　稳
责任印制｜刘　银

出版发行｜北京时代华文书局 http://www.bjsdsj.com.cn
　　　　　北京市东城区安定门外大街 138 号皇城国际大厦 A 座 8 楼
　　　　　邮编：100011　电话：010 - 64267955　64267677

印　　刷｜三河市嘉科万达彩色印刷有限公司　0316-3156777
　　　　　（如发现印装质量问题，请与印刷厂联系调换）

开　　本｜710mm×1000mm　1/16　　印　张｜14.5　　字　数｜170 千字
版　　次｜2020 年 10 月第 1 版　　　　 印　次｜2020 年 10 月第 1 次印刷
书　　号｜ISBN 978-7-5699-3633-9
定　　价｜48.00 元

版权所有，侵权必究

序　言

近年来，大家是否觉得"经济危机"或"金融危机"这些词语在媒体上出现的频率越来越高呢？

雷曼冲击的风波刚过，迪拜危机、希腊债务危机就接踵而至，还没来得及庆幸欧债危机结束，又冒出新兴国家①危机，再加上日本国债的暴跌、美国的次贷危机，"金融风暴又要来了"的流言便悄然出现。

在美国政府大胆的量化宽松经济政策临近尾声之际，如同乌克兰的局势一样，不安定的国际关系让世界面临着回退到冷战时期的危险。在这样的背景之下，市场形势或许会发生未曾有过的变化。

本书通过细致讲述大家都多少有所耳闻的经济危机的故事，力求让读者了解现代金融的变迁和当今的经济形势。

具体来说，是从世界经济全球化起点的1971年"尼克松冲击"开始，到2013年新兴国家市场动荡为止的四十多年的时间里发生的十二大经济危机。本书将这些经济危机对资本市场的影响、对实体经济造成的诸多混乱，以及在这样的背景下各国在政治上的对策和经验教训，从笔者的视角

---

① 新兴国家：是指在政治、经济、军事等领域急速成长和发展的国家。

进行了整理。

说起来，为什么要去解读已经过去了的经济危机呢？因为它所带来的不仅仅是金融问题，更关乎我们的切身利益。

经济危机会对实体经济产生不良影响，不仅波及范围广，而且传播速度快，海外发生的悲惨事件也会立刻影响日本。最明显的例子就是"雷曼冲击"还未结束，对我们生活的影响就随处可见了。

经济危机的背后不仅有金融方面的原因，还与国家意志和综合国力、跨国企业的发展动向等有着千丝万缕的联系。在分析当今世界经济的时候，如果不纵观全局、回顾历史，就很难正确把握经济形势。

所以，即使是非金融业人士，要想了解经济的本质，分析过去经济危机的各种现象、思考它的结构和没能成功应对的原因也是非常重要的。

为什么尼克松冲击之后的经济危机比较重要呢？那是因为近年来的经济或金融危机有两大特征：

一是发生时间间隔缩短。

二是对资本市场和实体经济的影响途径变得越来越不明显。

前者与银行和资产运用业等金融部门持有的资产和负债的急速扩大有关系；后者则与金融衍生品和证券化等金融创新的急速发展有关系。而使这两大特征越来越显著的则是20世纪70年代以后不断扩大的国际资本市场。

这样看来，充分理解近几十年来资本国际化和金融创新发展的历程，对了解"当前经济的状况"来说具有十分重要的意义。

进一步来讲，回首这几十年的金融史可以看到，以美元为代表的美国霸权对世界经济产生了非常大的影响。欧洲各国和新兴国家，包括日本，都被它的力量耍得团团转，这是不可否认的事实。不过，这种经济结构今后逐渐发生改变也是十分有可能的。

金融被称为经济的"血液"。在当今时代，通过了解金融的流向，养成预测未来经济形势的基本能力，对任何行业的人来说都是不可或缺的基本素养。

1979年，笔者因为憧憬海外世界而进入了当时作为外汇指定银行的东京银行，而后又转职到了美国系的银行，本书涉及的诸多危机，基本上笔者都曾在工作中直接或间接地接触到。

在伦敦做交易员的时候，笔者对英语一知半解，之后，从东京到纽约，再到中国香港，笔者一次次被卷入交易室的混乱之中。在开始尝试独自分析国际金融市场之后，通过各种国际新闻媒体和从朋友处得到的重要信息，笔者细心观察了各国金融市场发生的危机。

十分幸运，笔者能在四十多岁时担任大通曼哈顿银行的经理（Managing Director）职务，得以与世界顶级水准的业内人士一起工作，近距离观察了他们的思考和行动方式。从某种意义上讲，他们也潜移默化地影响了笔者的思考方式。因此对于本书的性质，与其说是在讲学术，不如说是一本以现实视角记录见闻、思考或者烦恼的务实性书籍。

此外，近年来笔者不时会接到大学院[①]或大学的讲课邀请，因为并不精通于教学，在面对这些背负着未来的年轻人时，除了做面向专业人士的惯

---

① 中文称研究生院。

例的数据分析以外,更加侧重将自己的经验、见解和反省传达给年轻学生的想法越加强烈。这也是本书贯彻始终的重点。

在仔细观察市场经济之后,笔者得出一个结论:金融业自身并没有什么学习能力。世界经济遭遇了那么多次的危机,每一次都应该得到一些经验教训,可是数年之后类似的危机又会反复出现——对于这样的事实,存在着一种假说:资本主义的结构有着导致危机连环发生的必然性。但是我们又不能因此而放弃金融业,所以除了与这种"金融困境"打交道之外,我们也别无选择。

今天的金融系统里,政府、中央银行、民间金融组织等都具有网状的供应体制和高度的风险管理技术。因此,未来市场经济的色彩应该也不会那么阴郁。

原本就不存在完美的回避风险的体制,而且时常会有新种类的风险出现,这是市场经济的特性。反过来讲,正是因为有这些"风险",才造就了"成长的机会"。人生不也如此吗?

当然,充分了解过去并不一定可以完美地应付未来的风险,这一点也和人生一样。但是,同什么都不懂相比,知道一些总归是有益的。

即将成为未来金融市场旗手的读者们,若是能够拿起本书,从中学到一些正在被人们逐渐淡忘的"东西",便是笔者最大的心愿了。

目 录

序言　1

第一章　尼克松冲击

1. 1971年8月15日 美元与黄金的兑换为何停止　3
2. 回顾以美元为主角的布雷顿森林体系　6
3. 越南战争中，美国所受到的真正打击　8
4. 对美元的不安发展到何种程度　9
5. 察觉到危险的欧洲，以及"蚊帐"之外的日本　12
6. 史密森协议之后的浮动汇率制是理想的吗　14
- 第一章要点　18
- 解说专栏——汇率　19

第二章　拉美债务危机

1. 1982年8月17日 以墨西哥为首，新兴国家危机的共同点　23
2. 创造奇迹的"巴西模式"遭遇挫折　25
3. 助长了新兴国家危机的石油危机和石油美元　27
4. 加速债务危机的另一个途径　30
5. 巴西强势宣布债务延期偿付的理由　32
6. 布雷迪计划带来的证券化时代　34
- 第二章要点　37
- 解说专栏——页岩气和石油美元　38

第三章 广场协议的疏漏

1. 1985年9月22日 美元汇率的下跌幅度是预料之内的吗　41
2. 广场协议背后的"里根经济学"　43
3. 日美贸易摩擦的原因在于美国企业竞争力低下　45
4. 日元美元委员会上日本为何被迫"金融开国"　47
5. 外汇市场介入的极限　49
6. 美元汇率走低如何催生了日本的泡沫经济　51
    - 第三章要点　54
    - 解说专栏——美国对低位人民币的批判　55

第四章 噩梦一般的"黑色星期一"

1. 1987年10月19日 "噩梦的前兆"　59
2. 暴跌背景中的"资产组合保险"是什么　61
3. 带来大缓和时代的格林斯潘主席的登场　64
4. "黑色星期一"的间接原因——西德的反抗精神　66
5. "财技风暴"中发生的Tateho冲击　68
6. 风险管理的开始和极限　69
    - 第四章要点　72

第五章 日本经济泡沫破裂的沉重打击

1. 1989年12月29日 日本股价的顶点是下跌的序章　75
2. 20世纪80年代的荣光和90年代的挫折　77
3. 金融破产的多米诺现象开始　80

4. 因市场感觉欠缺招来的不幸　83

5. 邦银的市场业务　85

6. 海外业务中"市场感觉"的欠缺　87

・第五章要点　90

・解说专栏——不动产泡沫会再次发生吗　91

第六章　英镑危机中突显的欧洲货币制度的漏洞

1. 1992年9月17日　索罗斯为何瞄准了英镑　95

2. 欧洲货币体系的发展历程　97

3. 威胁欧洲货币体系的德国统一　100

4. 异军突起的对冲基金是什么　102

5. 欧元孕育的"国际金融的三元悖论"　104

6. 被卷入欧洲货币危机的北欧　106

・第六章要点　108

・解说专栏——德国和日本　109

第七章　宝洁等事故多发……金融衍生产品的失败

1. 1994年2月22日　宝洁的金融衍生品事故是如何发生的　113

2. 使市场哑然的互换交易和银行的道德沦陷　115

3. 变质了的金融衍生产品功能　118

4. 银行的诱因　120

5. 蔓延到世界的金融衍生产品事故　122

6. 规制还是培养　125

・第七章要点　127

第八章 亚洲金融危机引发新兴国家又一次连环破产

1. 1997年5月14日 抛售泰铢的背景是什么　131
2. 马来西亚采取的独特对策　133
3. 亚洲各国的连锁反应　135
4. 对国际货币基金组织的批判和美元体制问题　137
5. 俄罗斯危机和对冲基金LTCM的破产　139
6. 传播到巴西，危机绕了地球一圈　142
- 第八章要点　144
- 解说专栏——"班科"和特别提款权　145

第九章 互联网泡沫破裂的疯狂骚动

1. 2000年3月10日 互联网泡沫轻松破裂　149
2. 泡沫的信号——"非理性繁荣"　151
3. 安然公司引领的企业破产大潮　153
4. 对以"国际标准"为准的日本经济的影响　156
5. 萨班斯-奥克斯利法案和活力门冲击　158
6. 商业银行和投资银行的趋同　159
- 第九章要点　162

第十章 引发雷曼危机的"游戏"

1. 2007年8月9日 百年一遇的危机是如何开始的　165
2. 证券化商品的弱点　168
3. 从贝尔斯登到雷曼兄弟　171
4. 华尔街之雄——投资银行的凋落　173

5. 资金杠杆的甜蜜圈套　175
6. 金融行政主体没能看透金融机构的本质　178
- 第十章要点　181
- 解说专栏——中央银行和不动产　182

第十一章　希腊财政危机让欧元走投无路

1. 2010年1月12日　欧洲委员会公开表明希腊统计不完备　185
2. 对希腊的投资因何高涨　187
3. 危机波及意大利、西班牙　190
4. 止住欧元崩坏危机的德拉吉发言　192
5. 欧洲中央银行的果决　194
6. 多灾多难的财政统合之路　197
- 第11章要点　200
- 解说专栏——量化宽松政策那些事　201

第十二章　脆弱的世界尚未结束

1. 2013年5月22日　伯南克冲击直击新兴国家　205
2. 重新审视新兴国家的问题　208
3. 地缘政治风险抬头　210
4. 影子银行的阴霾　212
5. 中央银行的风险不断增大　215
- 第12章要点　218

后记　219

第一章
尼克松冲击
现代经济脱离黄金之时

1944年 7月 布雷顿森林体系的开端

1960年 12月 越南战争

1971年 8月 尼克松声明

　　　　12月 史密森学会协议

1973年 3月 转至浮动汇率制

1. 1971年8月15日 美元与黄金的兑换为何停止

8月15日，对日本人来说是一个特殊的日子。多数欧美人会认为第二次世界大战结束的日子不是这一天，而是日本在《波茨坦公告》上签字投降的9月2日。但对日本人来说，如大家所知道的一样，"玉音放送"①的8月15日被认为是战败的标志。

26年后的1971年8月15日，美国向世界闪电宣布"美元和黄金的兑换②停止"，这被称为"尼克松声明"。虽然日本时间已经是8月16日的星期一，连日期都已经不是15日了，可是很多日本的中老年人对于这个遭受冲击的日子，总觉得与战败日有着一些什么瓜葛。

理查德·尼克松（1913—1994），第37任美国总统。停止了美元和黄金的兑换，拉开了布雷顿森林体系崩溃的序幕。后因水门事件丑闻被迫在任期内辞职。

尼克松声明及其带来的市场混乱被称为"尼克松冲击"。在现代，对于经济上预想之外的事件，经常使用"冲击"这个词语，比如石油冲击、

---

① 指由日本天皇亲自宣读战败诏书的广播。
② 指按照布雷顿森林体系规定，加入国际货币基金组织、世界银行的各成员国政府或中央银行按35美元一盎司的官价向美国兑换黄金。下同。

雷曼冲击等，而这个尼克松冲击便是始作俑者。尼克松声明预示着1944年以来持续了四分之一个世纪的布雷顿森林体系（后述）的结束，是经济史上重要的事件之一。

1971年8月16日《朝日新闻》的头版头条是"美国采取非常措施防守美元"，紧随其后的是"10%的进口附加税"的大标题。《日本经济新闻》则以"美国停止黄金兑换进口附加税10%"为题报道了这一事件。可以看出，征收进口附加税对以美国为最大出口国的日本来说，产生了相当大的冲击。

总之，对当时的日本经济来讲，与其说尼克松冲击是金融系统的大问题，不如说是会导致出口减少的、更加现实性的实体经济问题。

实际上，尼克松总统提出的经济政策被称为"新经济对策"，作为刺激经济的对策，包含了以下多个项目：

- 美元和黄金停止兑换，并征收进口附加税10%
- 物价和工资90日内不可变更
- 设置生活费委员会
- 扣除设备投资税额
- 废除汽车消费税
- 实行所得税的预先减免
- 削减当年政府支出等

其中，最能引起世界关注的，果然还是"美元和黄金的停止兑换"。

尼克松声明之后，欧洲各国为了避免混乱，将外汇市场关闭。至此，唯一可以与黄金兑换的美元无法再和黄金兑换了。对美元的信赖发生动摇是当然的。开市后定会出现卖出美元的混乱,因此欧洲各国果断地选择了休市。

而另一方面,日本市场却选择了正常开市。东京市场如预期一样,刮过一场疯狂卖出美元的狂风。开市的决定是当时的日本大藏省为了救助出口企业做出的,使其可以用1美元兑换360日元的汇率卖出美元,以便减少其损失。

为了应对这场卖出美元的狂风,日本的外汇储备由前一年的43亿美元一路飙升到146亿美元。尔后的8月28日,日本政府被迫放弃维持固定汇率,1949年以来1美元兑换360日元的时代落下了帷幕。

2. 回顾以美元为主角的布雷顿森林体系

美国之所以停止美元与黄金的兑换，是有迫不得已的理由的。想要了解这些，我们需要回顾一下此前的时代。

时间回溯到第二次世界大战末期的1944年7月，视线聚焦到美国新罕布什尔州北部的度假胜地"布雷顿森林"的舞台上。

日本此时已然有了浓郁的战败色彩，为了守卫本土，日军在马里亚纳海和塞班岛做着垂死的抵抗。已经确信可以取得战争胜利的美国、英国等同盟国，在战争结束前就开始筹划构筑战后的国际经济体制。协商的场所便是布雷顿森林，同盟国45国约730名代表参加了会议。

会议讨论的主要议题是：反省招致20世纪30年代大萧条的集团经济①等保护主义制度，设计以稳定世界经济为目标的新制度。从大的方面来讲，设立世界银行和国际货币基金组织。前者提供战后经济复兴所需要的长期资金援助，后者为了稳定汇率提供短期的资金供给。这个体制即为"布雷顿森林体系"，于1945年生效。

与尼克松冲击相关的是国际货币基金组织。国际货币基金组织于1947年3月开始运作，但在这个国际货币制度设计的过程中，英国和美国的正面对峙是众所周知的。

英国经济学家凯恩斯提出凯恩斯计划，主张设立国际清算同盟（类似于世界的中央银行），实行"班科（Bancor）"货币制度；与之相对，美国的怀特提出怀特计划，主张以美元为中心的新的货币制度。这场激烈的

---

① 集团经济：限制货币和物资只能在本国和本国殖民地内流通的经济政策。

论战的结果是经济形势占了压倒性优势的美国胜出。

至此,以黄金为绝对国际硬通货的制度正式变为黄金和美元并立的货币制度。具体内容是：1盎司黄金兑换35美元,美元成为唯一可以与黄金兑换的货币。也就是黄金和美元两立的"黄金-美元本位制"。这是美国的经济飞速增长,以及拥有与其成正比的黄金储备的原因。

约翰·梅纳德·凯恩斯（1883—1949）是20世纪杰出的经济学家之一,以有效需要的原理为基础确立了宏观经济学（图右）。亨利·迪克特·怀特（1892—1948）曾任美国罗斯福政府时期财政部副部长（图左）。

其他货币以固定汇率与美元兑换,规定波动幅度不超过1%。例如,规定日元以1美元兑换360日元的固定汇率进行交易,波动幅度不超过0.5%。这就是固定汇率制度。

在这个制度下,战后经济不景气的各国,在接受国际货币基金组织财政援助其经常项目赤字的同时,可以将持有的美元随时向美国兑换黄金,这使各国对稳定货币汇率都抱以期待。在这以前,美元与黄金的兑换就附带一个条件：即1934年《黄金储备法案》规定的"美国财政部长可以随时停止美元与黄金的兑换"。所以这么说来,震惊世界的尼克松声明其实也只不过是执行了一个紧急措施罢了。

3. 越南战争中，美国所受到的真正打击

布雷顿森林体系的构筑，基本上是按照美国描绘的蓝图进行的。19世纪开始，作为世界贸易的基础货币的英镑，一点一点遭受到美元的威胁，20世纪50年代终于不敌美元，丢失了外汇储备最大市场份额的地位。

但是，打乱了美国计划的是越南战争。

1954年，从法国殖民统治中独立的越南，以北纬17度线为界暂分为南越和北越，在两年以内通过普选实现统一。但是，没有参加会议的美国企图介入和保留亲美的南越傀儡政权。

美国的外交战略成为越南点燃抗美战争的导火索。1960年成立的越南南方民族解放阵线，将越南全面推入内战。越南战争最终发展为南越的支持者美国与北越的支持者苏联之间的代理人战争，这也是冷战的必然结果。

美国在约翰逊总统时期采取了积极的进攻措施，开始了对北越的空袭。尔后，越战逐渐变成持久战、拖延战，越南成为一个难以脱身的泥潭。美国被迫支出巨额的财政费用。这些只要看一看参与越战的美军数量就会一目了然：从1961年不足1000人的兵力一举膨胀到1966年的30万人以上。

结果是，美国的军费支出从第二次世界大战后的大幅减少转变为朝鲜战争时的增加，再到越南战争时的大幅增加，最终攀升到了GDP10%的规模。越南战争的军费在1967年就已经超过了200亿美元，约占美国国防经费的一半。直到越南战争爆发15年后、胡志明市解放的1975年，美国才得以

从战争中脱身。

经常有说法称，布雷顿森林体系崩溃的原因是越南战争导致美国经济疲软。而实际上，这种军费支出的增加带来了短期性的经济活跃。20世纪60年代为了刺激经济，美国提出了减税、扣除设备投资税、缩短折旧期间等措施。毫无疑问，此时军费支出的增加对美国经济的繁荣起了促进的作用。

但是，它的必然结果就是进口增加，继而导致贸易黑字减小，于是增加的国债发行量导致了通货膨胀率上升。这使得原本健全的经济迅速恶化。

与此相对，欧洲经济却是实实在在地处于恢复之中。

作为第二次世界大战主战场、经济已经完全疲软的欧洲，在美国援助和自身的努力重建下，逐渐实现了经济的稳定增长，1958年，英国、西德、法国等15个国家恢复了货币的兑换性，这也是布雷顿森林体系的一大成果。

美国落入越南战争的无底洞之时，欧洲各国开始恢复生产，提高竞争力，增加黄金和外汇储备。这些促进了世界经济结构的改变，各国的黄金储备发生了显著的变化。直截了当地说，就是黄金已经开始从美国流向欧洲各国。

4. 对美元的不安发展到何种程度

20世纪40年代，世界6成以上的黄金在美国。前面讲到的布雷顿森林体系是以集中在美国的黄金储备为基石设计的制度。但是，根据实际履行央行职责的美国联邦储备委员会发表的统计数据来看，相当于200亿美元以上的美国黄金储备从1958年以后开始逐年减少，到1963年减少到150亿美元。

美国的黄金储备分为对内黄金储备和对外黄金储备两部分（图表1-1）。假设黄金储备是100亿美元，对内黄金储备的必要额度是80亿美元，那么用来应对兑换黄金交易请求的对外黄金储备就只有20亿美元了。

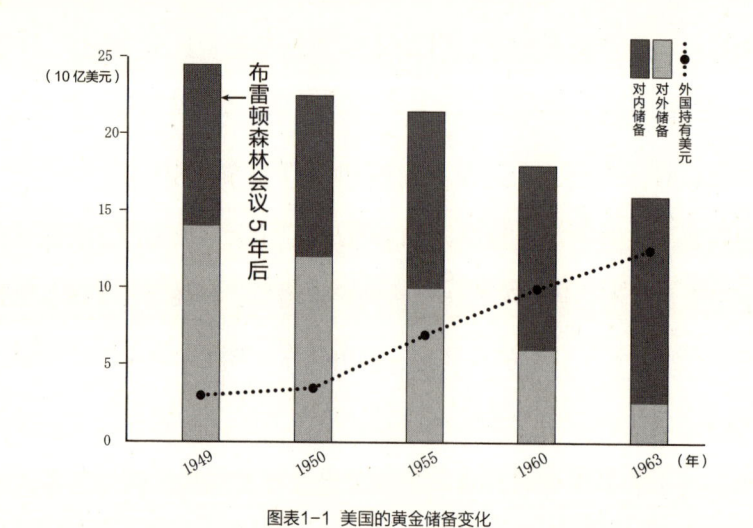

图表1-1 美国的黄金储备变化

举个例子，布雷顿森林会议5年后的1949年，美国保有的黄金储备为245亿美元，其中对内黄金储备为105亿美元，也就是说可以满足兑换要求的对外储备是140亿美元。当时，其他国家的政府及其中央银行持有的美元资产不超过29亿美元，美国可以随时满足美元与黄金的兑换要求。

但是，这种强势经济实力并不长久。不断增加军费支出和经济援助等使美元大量流出海外，导致黄金持有量急速减少。可以用来兑换美元的对外储备减少的同时，海外各国持有的美元资产不断增加。1959年美国的对外储备有75亿美元，与之相对的海外各国所持有的美元资产达到了91亿美元，经济形势发生了逆转。

当然，欧洲各国一下子把手里的美元都拿来兑换黄金是不可能的，所以这个体系没有突然崩溃。但是20世纪60年代，"负黄金储备"超过100亿美元以后，欧洲各国便自然而然地开始担忧美元了。

以工业制品提高竞争力的欧洲，1951年成立欧洲煤钢共同体①，而后于1965年通过《布鲁塞尔条约》使之与欧洲经济共同体、欧洲原子能共同体合并，1967年7月1日条约生效，欧洲共同体诞生，成为美国经济上的强力竞争对手。从黄金的流向，可以比较出当时欧洲与美国的经济实力。

随着"美元过剩"认识的普及，其他国家对美元的不信任越发显现。1960年，比利时裔经济学家罗伯特·特里芬在《黄金与美元危机》中写道："在依靠特定国家货币的金本位制度（即黄金-美元本位制）下，基础货币的供给和信用维持无法两全。"这就是所谓的"特里芬困境"。

换言之，一方面美国若不以经常项目赤字的方式向海外流出美元就无法保证国际货币的流通性；另一方面经常项目持续赤字会导致美元的信用下降。特里芬指出了这个矛盾。在这种体系结构导致的不安中，法国总统戴高乐固执地要求美国将法国持有的美元兑换为黄金。美国的盟友英国要求兑换20亿美元的黄金成为尼克松冲击的直接导火索。

---

① 欧洲煤钢共同体：第二次世界大战之后，欧洲以维持和平和恢复经济为目的发起的经济协作组织。六国（西德、法国、意大利、比利时、卢森堡、荷兰）对共同开发、运营煤炭和钢铁资源达成一致，是欧洲联盟的前身。

5. 察觉到危险的欧洲，以及"蚊帐"之外的日本

各国精英构筑的布雷顿森林体系，使得货币系统得到了暂时的安定，但是各国过高地估计了这个制度的持久性，过分信任这个制度。20世纪60年代，各国对美元的不安加剧，体系的弱点日渐明显。因对美元不安导致黄金价格上涨的现象也已经出现。

在这样的状况下，美国停止黄金兑换的决断，对于世界来说真的算是意料之外的晴天霹雳吗？

举个例子，1961年建立的（伦敦）黄金总汇制度是欧美7国将持有的黄金汇总，通过操作伦敦黄金交易市场来稳定黄金价格的制度。非常明显，这是为了弥补布雷顿森林体系弱点而设立的。

恐怕欧洲早已意识到，黄金–美元本位制的崩溃只是时间问题。遗憾的是，战败国日本连参加这些制度建设的机会都没有，在金融情报战中落后了很多。

其实，在江户时代末期，日本就在国际金融的情报战争中一败涂地了。那是关乎金银兑换比率的事件，据说当时的美国驻日本总领事哈里斯[①]利用这个漏洞积累了很多私人财富。

原本应该以1∶1兑换的墨西哥银币和日本天保银币的关系，哈里斯以"银的含量"为名迫使幕府承认以1∶3的比例进行兑换。此后，美国便开始以1枚墨西哥银币兑换3枚天保银币（图表1–2）。

[①] 汤森·哈里斯：美国外交官，《日本国美利坚合众国修好通商条约》签订后的首任驻日公使。

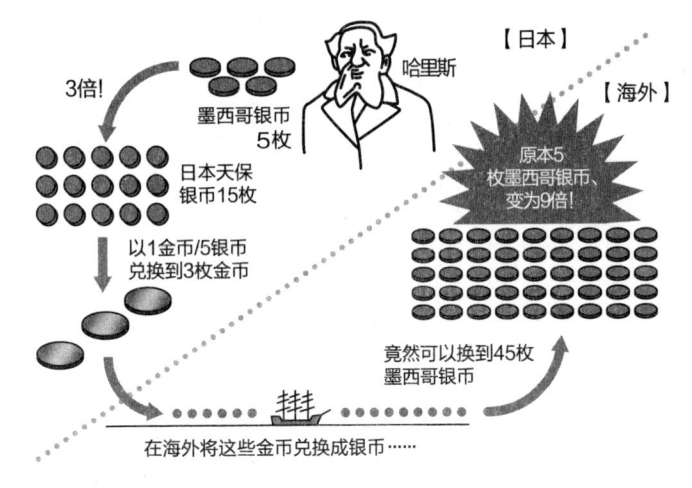

图表1-2 哈里斯的炼金术

当时，日本国内的金银兑换比率是1∶5，用5枚墨西哥银币换来的15枚天保银币可以换得3枚金币。把金币拿到海外，按照当时的海外汇率1∶15就可以换取原本9倍的45枚墨西哥银币。日本的黄金便这样大量流到海外。

哈里斯利用了日本政府对本位货币（含有一定量贵金属的货币，如金币）和名义货币（根据法律赋予其价值的货币，如纸币）认识的混乱，以及对国内外兑换比率差别的毫无警惕，进行套利。非常遗憾的是，这场"金钱情报战"的战败教训并没有被后人吸取，日本金融情报收集能力差的弱点，到现在都没有什么改进。

据说当时比较了解这方面事情的是日本大藏省国际金融局局长柏木雄介，他少年时期随父旅居欧美，英文非常好。国际金融最初是从欧洲开始，而后以美国被卷入的形式以大西洋为中心发展起来的。日本出头比较晚也有不得已的原因，但不能因为这样就放任人才层面的不足而不管，越是如此便越会在巨额资本流动的世界中被收割。

在今后的全球化进程中，需要拥有国际金融知识的不只是金融主管部门或金融相关行业，即使是在企业经营之中，不进行世界金融情报分析也是行不通的。这是我们必须谨记的。

6. 史密森协议之后的浮动汇率制是理想的吗

一般来说，本国货币升值时，可以兑换为外币的本国货币便会减少，这对出口不利。比如在1美元兑换360日元的时代，售价1000美元的商品卖出后可以获得36万日元，假设日元升值到1美元兑换300日元，那么销售所得就减少为30万日元（图表1-3）。如果想要保证36万的销售额，就只能涨价了，显然这样会导致产品竞争力低下。不过进口的时候则与之相反，需要支付的日元会减少，进口商品会更便宜。

另一方面，本国货币贬值时，与升值完全相反，对出口有利而对进口不利。安倍经济学带来的日元大幅贬值，使汽车等出口产业增收增益，食品、汽油等进口商品价格上涨，便是其中一例。

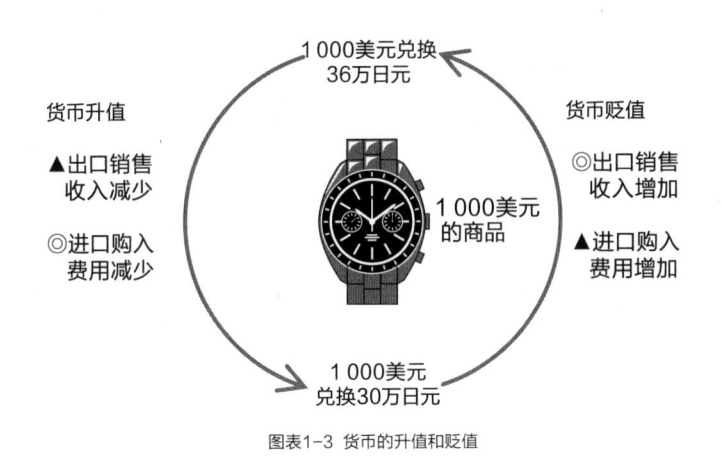

```
         1 000美元兑换
           36万日元
货币升值                      货币贬值
▲出口销售                    ◎出口销售
  收入减少                      收入增加
◎进口购入      1 000美元     ▲进口购入
  费用减少       的商品         费用增加

         1 000美元
         兑换30万日元
```

图表1-3 货币的升值和贬值

尼克松冲击之后，世界主要经济体开始了新一轮的恢复固定汇率制的讨论，讨论的成果便是1971年12月达成的史密森协议（又称史密森学会协议）。该协议因在美国首都华盛顿哥伦比亚特区的史密森学会博物馆达成而得名。

通过史密森协议，各国维持布雷顿森林体系中货币不能与黄金兑换的特点，并使用新的兑换汇率与美元进行兑换，其中日元的汇率变为1美元兑换308日元，升值16.88%。西德马克、法国法郎、荷兰盾等欧洲货币对美元也有不同幅度的升值。各国货币升值幅度最大的是日元。

各国货币对美元汇率的波动幅度设定为2.25%，将黄金官价从1盎司35美元提高到38美元。各国期望通过这些举措可以重建固定汇率制，但在美元与黄金的兑换未能重新开始的情况下，汇率的变化一直无法得到稳定。在这种情况下，投机行为开始出现，最初的投机目标被锁定为英镑。

史密森协议使英镑升值8.57%，当初就有人指出这过高估计了英镑的价值。抛售英镑的压力不断增加，使英国无法对外汇市场持续保持干预，被迫于1972年6月转为浮动汇率制度。尔后，投机的矛头又开始从英镑转到美元。如此一来，维持史密森协议的实施就显得困难重重。

1973年，以意大利实行双重汇率制为契机，瑞士停止政府干预，日元也因无法应对汇率波动而转为浮动汇率制。货币体制的漏洞开始扩大。最终，同年3月，西德等主要国家均已转为浮动汇率制。至此，史密森协议持续了不到一年半的时间便落下了帷幕。

当时，浮动汇率制至多算是临时措施，"到头来还是要回到固定汇率制"的想法根深蒂固。事实上，浮动汇率制一直延续到今天。这是众所周知的"国际金融的三元悖论"，即资本自由进出、固定汇率、独立自主的货币政策三者不能同时成立。日本、美国、英国等为了确保资本的自由进出和独立自主的货币政策而放弃了固定汇率制度。（图表1-4）

选择	日英美	欧元区内	中国
固定汇率	×	○	○
资本自由进出	○	○	×
独立自主的货币政策	○	×	○

图表1-4 国际金融的三元悖论

与此相对，欧元区国家导入共同货币欧元（即固定汇率制）并选择了资本的自由进出，因而放弃了各国独立自主的货币政策。中国正处在一个转变的时期，即从原来的"实行固定汇率和独立自主的货币政策"向"实行浮动汇率制、资本自由进出"的转变。

尼克松冲击经过对固定汇率制度的修正（史密森协议），创造了浮动汇率制。虽然这个制度一直沿用至今，但是，让市场决定货币价值的方法作为一个理想的系统并没有得到广泛的认知。例如，巴西、印度等新兴国家经常会为了避免激烈的资本进出实行资本的临时管制措施，以达到稳定汇率的目的。发达国家也会为提高出口商品的竞争力，通过干预汇率或货币政策诱导本国货币贬值，就算是今天也能看到这样的例子[①]。

毋庸置疑，废除（美元）与黄金的兑换、放弃固定汇率制是一个非常大的决断。从结果来看，这为20世纪70年代以后的世界经济增长做出了贡献也是不争的事实。但是，直到今天，各国对浮动汇率制的不满还是无法得到平息。货币制度和汇率的问题将会成为新的金融危机的火种，这些我们会在以后的章节看到。

---

① 暗指安倍经济学。

☞ 第一章要点

尼克松冲击：美国的财政收支和经常项目收支恶化，其他国家对美元的信赖发生动摇，尼克松总统突然宣布停止美元与黄金的兑换，引发市场大量卖出美元，世界外汇市场发生大混乱。以唯一可以与黄金兑换的美元为基础建立起来的布雷顿森林体系存在了不足30年。

●尼克松声明的背景是，美国陷入越南战争的泥潭，引发国际收支和财政收支的恶化，以及第二次世界大战之后欧洲经济的复兴。最终结果是，黄金从美国流出到欧洲各国。

●欧洲各国事先已经隐约察觉到美国会停止美元与黄金的兑换，而日本完全没有获取到这些信息。国际金融情报的收集能力至今也是日本面临的一大课题。

●尼克松冲击后的史密森协议，维持了各国货币不与黄金直接兑换的特点，规定了新的兑换汇率，可也仅仅持续了不足一年半的时间。之后，主要国家均已转为浮动汇率制。虽然浮动汇率制一直沿用至今，但是汇率问题的隐患一直没有消失。

解说专栏——汇率

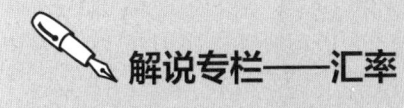

　　一般我们常说的汇率通常是指1美元兑换多少日元的汇率。日本的贸易和对外投资的大部分是按美元计价的，因而汇率常常狭义地指美元-日元汇率也是很自然的事情。纵观世界外汇市场，市场占有率最高的交易是欧元与美元间的欧元-美元兑换交易。根据国际清算银行（BIS）的统计，2013年欧元-美元交易占有24.1%的市场份额，美元-日元以18.3%的份额列为第二位，之后是英镑-美元的8.8%。

　　按货币来看，美元的份额拥有绝对优势，以43.5%的份额占据第一位，之后是欧元16.7%，日元11.50%，英镑5.9%。这与各国持有的外汇储备份额有着强烈的相关性。此外，最近几年，澳大利亚元和中国人民币的份额上升，英镑、瑞士法郎的份额呈现下降趋势。这也是引人注目的焦点。

　　今后，美元在外汇市场还会继续充当主角，为了跟随世界经济的变化，美元-日元以外的汇率变动也应该多加注意。

第二章
拉美债务危机
石油转动世界

1960年　石油输出国组织夺回石油价格的决定权

1973年　第一次石油危机

1979年　第二次石油危机

1981年　波兰声明无法按期偿债

1982年　阿根廷声明无法按期偿债

　　　　墨西哥要求债务重新安排

1983年　巴西全面停止对外支付

1985年　贝克计划发表

1987年　巴西宣布债务延期偿付

1989年　布雷迪计划发表（首个签署国为墨西哥）

1993年　巴西加入布雷迪计划（至2007年结束）

1. 1982年8月17日 以墨西哥为首，新兴国家危机的共同点

19世纪拉美各国开始从殖民统治中独立。1810年阿根廷宣布自治，1816年从西班牙的殖民统治中独立。以此为开端，1821年墨西哥脱离西班牙宣布独立，1882年巴西脱离葡萄牙宣布独立。

以英国为代表，当时兴起一股"对外投资热"。作为接下来有潜力的投资场所，接连宣布独立的拉美各国成了引人注目的焦点。谁也不曾料想，这股投资热拉开了以投资扩大和信用崩坏为特点、延续至21世纪的"拉美危机"的序幕。

拉美各国在19世纪20年代、19世纪70年代、20世纪30年代基本上每五六十年就会经受一次金融危机。20世纪80年代的金融危机是迄今为止最严重的。这场危机的开端是1982年墨西哥提出债务重新安排（债务偿还期延长）请求。它拉开了波及多国的"累积债务问题"的序幕，有着很重要的意义。累积债务问题花了很长时间才得以解决。

1982年8月17日，墨西哥对外宣布"外汇储备匮乏"，将向国际货币基金组织、国际清算银行和国际银行团体申请延期偿还债务并进行新一轮的融资。墨西哥为了应对经济负增长、通货膨胀率上升、经常项目收支恶化等经济基本面的问题，于1982年2月将墨西哥比索大幅贬值。墨西哥已经陷

入了无法偿还对外债务负担的境地。

墨西哥在筹划制订紧急经济重建计划的同时，与银行团体就债务重新安排达成了一致，取得了国际清算银行和美国联邦储备委员会的短期融资，以及国际货币基金组织的融资，开始着手重整对外债务。

1982年4月，与英国发生马岛战争的阿根廷经济急速恶化。1983年巴西宣布全面停止对外支付等一系列事件，震撼了世界金融市场。

巴西是拉美经济高速发展的代表，金融界普遍对巴西渡过难关抱有很大的期待，但经济的恶化却已经发生。正因为如此，巴西的危机才对世界产生了不小的冲击。

巴西的巨额对外债务膨胀到近1000亿美元，巴西随即停止偿付本金和利息，成为拉美"累积债务问题"的主角。

20世纪80年代初，苦于对外债务问题的不只是拉美各国（图表2-1）。在欧洲，1981年波兰陷入了无法按期偿债的境地。在亚洲，1983年菲律宾也宣布无法按期偿债。

1980年	斯里兰卡、玻利维亚、秘鲁
1981年	波兰、罗马尼亚、中非
1982年	墨西哥、阿根廷、厄瓜多尔、尼日利亚、土耳其
1983年	巴西、智利、巴拿马、菲律宾、摩洛哥、赞比亚、乌拉圭、委内瑞拉、科特迪瓦
1984年	埃及
1985年	秘鲁、安哥拉、南非

图表2-1 主权债务违约一览

这些国家当时被称为"欠发达国家（Less Developed Countries）"，现在一般称为"发展中国家（Developing Countries）"。在20世纪70年代，它们的经济顺风顺水，而到了80年代，就像事先约好了一样，各国经济都开始急速恶化，这不仅仅是各国经济模式的个别问题，还有着导致经济崩溃的共同原因。

后面会有详细的介绍，这里简单说明一下：石油价格的急速上涨伴随着通货膨胀率的增加，导致美国实行高利率政策，进而使新兴国家的进口额和利息支付额增加，最终引发外汇储备急速减少、经济增长率急速下降。

这是一个以"美元"为基础，围绕着新兴国家的既旧又新的金融结构性问题。更值得注意的是，即使在21世纪，相同类型的危机还在发生。

2. 创造奇迹的"巴西模式"遭遇挫折

这里我们把焦点放到累积债务问题的当事者身上，选取巴西作为其代表。虽然经济规模和结构有所差别，但是其他新兴国家也都实行了同样的工业化政策，对外借款也都在增加。

巴西在1968年到1973年的5年时间里，实现了令人惊异的经济高速增长，被称为"巴西奇迹"。巴西国内生产总值基本上以每年两位数的速度增长，出口额从1968年的19亿美元增长到1973年的62亿美元。1968年仅有的2.5亿美元外汇储备也激增到1973年的64亿美元。

虽然对外债务也从38亿美元膨胀到125亿美元的规模,但充裕的外汇储备和强势的出口增长还是赢得了欧美银行界的信赖。然而,真正拉动巴西经济高速增长的动力并非来自出口,而是来自以汽车和家电为代表的国内耐用品的生产和消费。支撑这部分投资的正是借入外债的政府。

这种政府主导的内需型增长被称为"巴西模式"。耐用品的生产主要是欧美等外资企业和国有企业,消费群体则以国内的新兴富裕阶层为主。在金融方面,政府则通过国有银行将一大半的外债信用额度用于设备投资。

然而,因受后面将要讲到的石油危机的影响,1973年后石油价格上涨,进口额增加导致大幅的贸易赤字,其直接结果就是带来外债的增加。巴西的对外债务1年之间便激增40%。

1973年以后,发达国家陆续被卷入停滞性通货膨胀(经济停滞和物价上涨)的旋涡,而巴西,还残留着"奇迹"的余韵。巴西政府制订了1974年开始的第二次国家开发计划,用美国的银行借款用以支付激增的石油进口费用,却终究没能做出缩小投资的决策。

实际上,1974年到1978年的4年间,虽然比不上之前的"奇迹",但是也维持了近8%的年均增长率。与此前的5年高速增长时期的最大差别是对外债务的增加速度。1973年的125亿美元的对外债务,到了1978年已经膨胀到3倍以上的435亿美元。

1979年对巴西经济来说是一个很大的转折点。因为这年石油价格上涨了约50%,这使得巴西的进口额大幅增加,再加上美国联邦储备委员会的紧缩性货币政策使其需要支付的利息大幅增加。

拥有大量美元外债的巴西,在面对20%以上的短期利率上涨时所受的打击有多大，是不难想象的。利息的净支出额从1978年的27亿美元，一跃升为1982年的113亿美元，是1978年的4倍以上。结果就是，巴西出口收入的一半左右都要用来支付利息。

国家从银行借款时，利率一般采用3个月或6个月的LIBOR（伦敦同业拆借利率）加上一定的利率差的浮动利率方式。与发行国债时多采用固定利率的方式不同，银行借款一般会采用与短期利率联动的浮动利率方式。短期利率急速上升之所以致命，这种利率决定方式的影响也是原因之一。

作为新兴国家中耀眼明星的巴西就这样遭受挫折，继阿根廷和墨西哥之后，巴西于1983年向国际货币基金组织进行了新一轮的融资，并开始与国际银行团体就现有债务的重新安排问题进行交涉。

3. 助长了新兴国家危机的石油危机和石油美元

前面已经提到，累积债务问题的背景里不可忽视的是20世纪70年代发生的两次"石油危机"[①]。这是致使战后经济发生变化的重要原因，与前一章的"尼克松冲击"一样，也是要拿来单独讲一讲的重大事件。

1973年发生的"第一次石油危机"和1979年发生的"第二次石油危机"合称"石油危机"，20世纪60年代成立的以沙特阿拉伯为中心的石油

---

① 原文直译为石油冲击。

输出国组织从欧美国家手中夺回了石油价格的决定权是其重要导火索。

第二次世界大战以后，石油需求急速增长，掌控石油价格决定权的是被称为"七姐妹"的七家国际大石油公司。它们积极进行油田开发，并逐步降低石油价格，采取了有利于石油消费国的方针，这使得产油国的不满和反感愈加强烈。

1971年石油输出国组织取得了与国际石油大公司的共同定价权，第二年，合议决定将石油开采权让渡给产油国，石油价格决定权也开始一点点地移至石油输出国组织手中。

1973年10月第四次中东战争爆发，石油输出国组织为了对抗以色列的后援美国，将石油价格从每桶3.0美元涨至每桶5.12美元，次年1月再次加价到每桶11.65美元。这被称为"第一次石油危机"。

1979年伊朗发生革命，随即停止石油生产，受此影响，石油输出国组织再次决定上调石油价格，到第二年上涨到每桶28美元。这被称为"第二次石油危机"。20世纪70年代，包括日本在内的发达国家经济受石油消费影响，高通货膨胀率和经济衰退并存，处于停滞性通货膨胀的困局之中。

石油危机除了直接致使巴西的进口额激增外，还通过两种途径间接对累积债务问题造成影响（图表2-2）。一个是所谓的"石油美元"，即石油价格上涨后，以中东为首的产油国积攒的巨额美元资产。

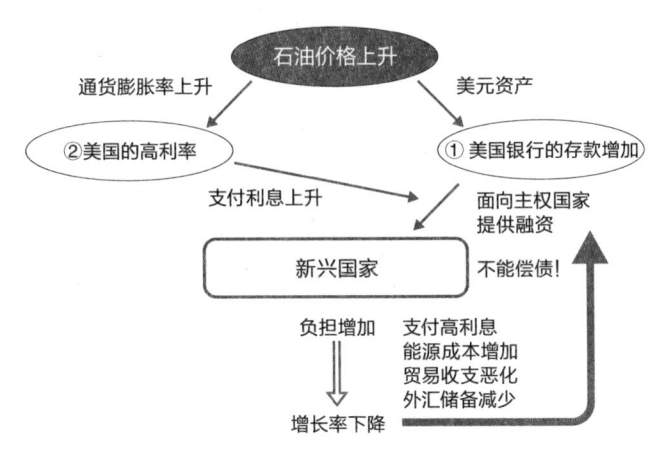

```
        石油价格上升
通货膨胀率上升  /    \  美元资产
              /      \
      ②美国的高利率    ①美国银行的存款增加
              \      /           
        支付利息上升 /      面向主权国家
                  ↓          提供融资
              新兴国家      不能偿债！
                ↓
              负担增加   支付高利息
                         能源成本增加
                         贸易收支恶化
                         外汇储备减少
              增长率下降
```

图表2-2 石油价格影响新兴国家的两条途径

产油国扣除国内发展所需要的资金后，会将盈余资金存入美国的银行。美国的银行不得不寻找贷款客户。如果是在现在，大多会选择购买国债这样的简单方式，但在当时，银行只是依照传统方式寻找评价优良的贷款客户。

当时美国的银行盯上的是因本国资本匮乏而需要开发投资资金的拉美、东欧和亚洲的部分国家。巴西作为当时最大的融资客户，备受银行界的瞩目。

石油美元的影响不只波及美国的银行。遍及世界的"石油美元"通过英国的英镑-美元市场流入欧洲和日本的银行，主要银行之间开始了向新兴国家融资的竞争。

多家银行组成银行团提供融资的"银团贷款"也成为这个时代的标志之一。当时日本的外汇指定银行——东京银行向世界各国提供的融资额急速增加，1978年银团贷款额度超越欧美大银行成为世界第一。

"企业有破产的风险，国家没有。"当时的花旗银行CEO瑞斯顿如是说。但是没过几年，这个言论便不攻自破了。

4. 加速债务危机的另一个途径

连接石油危机和累积债务问题的另一个途径是货币政策。

货币政策是指中央银行调整基准利率的行为。中央银行的主要使命是稳定物价，如果经济过热物价开始上涨，便会提高利率。这被称为"紧缩的货币政策"，有时也被称为"反通胀对策"。

反之如果景气恶化，中央银行就会降低利率刺激经济。这被称为"宽松的货币政策"。利率下降后，企业和家庭可以更容易从银行贷款，有利于增加投资和消费。

以前，调整"基准利率"一直是各国货币政策的核心。现在，主要国家均已将银行间短期金融市场的隔夜拆借利率作为央行指导的利率目标。（但是，日本银行已于2013年将货币政策的调节目标由利率转为货币基数。）

石油价格上涨，很快就会影响到其他商品。石油资源完全依赖进口的日本遭受了特别猛烈的物价上涨。1974年消费者物价指数较前年上涨23%，被称为"狂乱物价"（由当时的福田首相命名）。因疯狂抢购导致卫生纸、洗涤剂等商品脱销，一度从超市的货架上消失。直至现在，这些故事依然是饭后谈资。

另一方面，第二次石油危机使美国开始出现物价上涨的势头。20世纪60年代，美国联邦储备委员会为了扩大就业持续实行宽松的货币政策，加上石油危机的冲击，美国的通货膨胀率开始急速上升。尼克松总统的新经济政策之一——物价和工资管制最终失败，失去了管制的物价急速上涨。

在这里登场的是此后被称为"反通胀斗士"的沃尔克。他在消费者物价指数以两位数的增长率不断上升的背景下，于1979年8月就任美国联邦储备委员会主席。他采用了彻底的紧缩性货币政策，具体来说是"新货币调节方式"，是以货币供给量为目标的货币政策。

美国联邦储备委员会的基准利率是短期金融市场"联邦基金利率"（Federal Funds Rate）。

沃尔克（1927—2019）：卡特和里根总统任职时担任第12届美国联邦储备委员会主席。作为反通胀斗士，坚持高利率政策，成功地抑制物价上涨。

通过沃尔克的货币政策，眼看就要上涨到20%的联邦基金利率在几个月的时间里下降到11%，像坐过山车一样剧烈变动。这样的利率变化根本无法预测，所以短期内市场的不安感有所增强，但最终高利率抑制了物价的持续上涨，1980年12%的通货膨胀率到了1983年已经降至3%左右了。

这种强行采用的紧缩货币政策也带来了不小的副作用。美国国内的失业率攀升至11%，经济严重萧条，美国联邦储备委员会及其主席都遭受了相当的政治压力。"沃尔克主席之所以能够彻底贯彻实行反通胀政策，是因为得到了里根总统的深厚信任。"美国联邦储备委员会前主席伯南克在追忆往事时如是说。

两次石油危机，以石油美元的方式首先促使"资金流入新兴国家"，而后原油价格上涨带来"贸易收支恶化"，为了抑制通货膨胀而采用的高利率对策使新兴国家落入"无法偿还利息的状态"。

各国债务危机的主要原因是各自的经济政策问题，这无可厚非，但是我们不能忘记引发这场危机的石油（产油国）和美元（美国）的存在。

高利率导致以拉美为中心的各国偿还债务出现困难，与此同时，新兴国家融资占据其收益一半以上的美国大型银行也陷入了经营困难的境地。累积债务问题同时也是银行的问题。

5. 巴西强势宣布债务延期偿付的理由

新兴国家的债务总额一度攀升到近1万亿美元。1981年世界各国债务重新安排（延期偿债）的案件就有13起，到了1983年，这样的案件有31起，从结果来看，共有50个国家坐到了延期偿债的谈判桌上。

起初，美国政府和银行只是把债务问题当作流动性危机而采取了对策，但是这些对策也仅仅是针对个案而且并没有取得预期的效果。为什么会没有效果呢？因为累积债务问题是新兴国家的结构性问题。

担忧形势恶化的美国财政部长贝克认识到进行彻底改革的必要性，于1985年10月在世界银行–国际货币基金组织大会上提出强化援助中长期结构改革的计划。

贝克计划由以下三个具体对策构成：

（1）债务国需调整经济结构。

（2）国际货币基金组织和世界银行的援助额由一年60亿美元增至90亿美元。

（3）民间银行在3年内融资200亿，资助债务国。

贝克计划一改以国际货币基金组织为主导的通过紧缩性货币政策进行经济重建的方式，而选择了以经济增长来抵消对外债务问题的路线。用今天的话说，就是在财政健全化和发展经济的岔路中选择了后者。

但是，担心拉美各国偿债能力的民间银行并没有按照贝克计划的要求进行融资。特别是处于恶性通货膨胀中的巴西，债务重新安排后财政状况依然不容乐观。先于日本迎来了"失去的十年"。美国的大型银行完全背离贝克计划，削减了对新兴国家的融资，这也是从经营角度判断的必然结果。

仿佛是在印证银行的判断一样，1987年巴西宣布延期偿债。"累积债务问题是国内政治问题"，突然改变态度的巴西政府宁可牺牲国民生活品质，也要停止对外支付债务，这是民粹主义的表现。通过将议论的矛头转向"债务问题是债权者的责任"，巴西再次陷入了国际金融界的信任危机。

有人指出，巴西之所以能够强势地宣布债务延期偿付，最大的原因是宣布停止对外支付时（1983年）海外银行没能采取任何行动。实际上，在巴西宣布延期支付的3个月后，花旗银行将相当于前一年度利益3倍的30亿美元计提为呆账准备金。的确，美国大型银行和欧洲、日本的银行，对于巴西的延期支付宣言，除了默默接受以外什么都没有做。

6. 布雷迪计划带来的证券化时代

老布什政权下担任财政部长的布雷迪在1989年3月提出了包含减免本金和利息的新的处理方案。当时，贝克计划已经明显遭受挫折，金融界已经不只是止步于计提呆账准备金，甚至开始通过债务证券化来摸索计提损失的方法了。前一年金融界达成共识，决定减少高贫困国家和低收入国家的债务本金。债务处理的性质，慢慢转向"减轻债务国的负担"。

詹姆斯·贝克（1930—）左数第三人和尼古拉斯·布雷迪（1930—）左数第一人。贝克曾担任第67任财政部长和第61任国务卿。布雷迪是第68任财政部长。

布雷迪计划由"债务国积极推进民营化，促进资本回流""督促商业银行放弃债权""国际货币基金组织和世界银行保证证券化债务的本金、利息"三部分构成。

首个签署布雷迪计划的国家是墨西哥，向债权方的主要银行提供了以下3个选项：

（1）减少债务本金。将债务本金的65%交换为30年期墨西哥国债（利率为LIBOR+13/16%）。

（2）减免利息。将利息交换为等额的30年国债（6.25%的固定利率）。

（3）追加融资。追加提供相当于债务本金25%的15年融资（7年无息，利率为LIBOR+13/16%）。

债权团中90%选择了（1）和（2），对于（3）的追加投资，基本上没有债权者选择。因为（1）和（2）的国债，除了国际货币基金组织、世界银行，还有日本的保证和墨西哥的外汇储备来补充信用，银行等债权团没有选择（3）是理所当然的事。

随后，菲律宾和委内瑞拉也相继加入了该计划。1993年，巴西也终于加入该计划，而且提供给债权团的选项更加丰富（7项）。作为信用补充，加入了美国的零息债券。当时这个债券被称为"布雷迪债券"，银行可以通过市场卖出债券，这为债权处理开辟了一条道路。日本国内也曾转卖过相关债券。

就这样，在增加债权者负担的援助政策下，累积债务问题在20世纪90年代终于向解决的方向迈出了脚步。2003年，墨西哥偿付了买入的全部布雷迪债券。2007年菲律宾和巴西买入的布雷迪债券也从市场上消失了。从1982年墨西哥宣言无法按期偿债开始，到这个问题完全画上句号为止，整整历经四分之一个世纪。

累积债务问题给日、美、欧的大型银行留下了"主权债务的风险不可轻视"的大教训。当时的花旗银行深陷于不动产关联贷款（Land）、杠杆收购（Leveraged Buyout）和拉美等欠发达国家（Least Developed Country）的债务问题的"3L"所带来的损失之中。而在日本，专门从事国际业务的东京银行也苦于损失处理，埋下了后来与三菱银行合并的伏笔。

然而，与此相似的失败案例，从19世纪初开始便反复多次上演。这意味着对主权债务很难做到吃一堑长一智，这也是应该特别提到的一点。日本的银行（以下简称"邦银"）在20世纪90年代，其共同阵线的经营姿态遭受了许多批评，而在关系到对发展中国家和新兴国家贷款的问题上，欧美的银行间也有很强烈的"大家都放贷的话就不可怕了"的意识。

如果说通过处理累积债务问题学到了什么的话，那就是银行积累了将自己的债权证券化并向第三者出售的宝贵经验。

证券化最早出现在美国国内的房地产贷款市场，而对于主权债务的证券化，布雷迪计划则开创了先河。这也预示了20世纪90年代以后"证券化时代的到来"。

👉 第二章要点

累积债务问题：1982年墨西哥申请债务重新安排（延期偿债）之后，拉美、亚洲、东欧的一些国家陆续陷入对外偿债困难的境地。

●累积债务问题的背景中，石油危机的影响色彩十分浓厚。产油国积累的巨额美元资产存入美国的银行，进而投资于需要开发资金且本国资本匮乏的国家，由于石油价格的急速上涨和美国为应对通货膨胀而采取的高利率政策，新兴国家的进口额和需要支付的利息均大幅上涨，致使外汇储备急速减少，经济增长率降低，助长了危机。

●为了解决危机，美国财政部长贝克抛弃了国际货币基金组织主导的紧急经济重建政策，提出了以经济发展解决对外债务问题的贝克计划，但担忧新兴国家偿债能力的民间银行没有按照贝克计划的要求行动，导致贝克计划失败。

●后来新任美国财政部长布雷迪提出了新的处理方案，通过债权者——民间银行负担损失的方法终于落实了援助措施。墨西哥无法按期偿债以来的累积债务问题，经过四分之一个世纪终于画上了句号。

解说专栏——页岩气和石油美元

随着页岩层天然气和石油开采技术的成熟,世界上最大的资源进口国美国将要摇身一变成为资源出口国的看法越加强烈。加拿大、中国和澳大利亚也确立了开采计划。页岩气供给量的增加会给石油价格当头一棒,甚至有让石油价格下跌的可能性。这样产油国的收入就会减少,市场上石油美元的影响力也会随之降低。

事实上,同20世纪80年代相比,石油美元在资本市场的存在感已经相当微弱了。石油美元的总额约为3.6万亿美元,同中国的外汇储备和对冲基金的总额度基本处于同一水准,也已经算不上是数额巨大的资产了。最近(产油国)域内对基础设施、教育、医疗的投资比例增加,也是对外投资的石油美元不再引人注目的原因之一。对美国国债的投资额,产油国只是日本或中国的四分之一左右。

第三章
广场协议的疏漏

强势美元符合美国的国家利益吗

1977年　日美签署彩色电视机有秩序销售协定

1981年　里根就任美国总统

　　　　日本对美汽车出口开始实行自主出口限制

1984年　成立日元美元委员会（合计开会6次）

1985年　中曾根-里根意见达成一致

　　　　MOSS协商（各产业单独协商）

　　　　广场协议（长达3年的美元走低的原因）

1987年　卢浮宫协议（1988年汇率稳定到1美元兑换120日元）

1. 1985年9月22日 美元汇率的下跌幅度是预料之内的吗

9月23日是秋分，1985年的这天（星期一）同往年一样也是休息日[①]，但是在东京外汇市场，被叫来上班的交易员却不在少数。因为就在前一天，纽约的广场饭店，5个发达国家美国、日本、西德、英国和法国的财政部长和中央银行行长就美元对其他货币贬值达成了协议。

在前一周的9月21日（星期六），东京市场的美元日元电汇中间汇率为241.70日元。9月23日东京市场虽然休市，但惠灵顿（新西兰）和悉尼（澳大利亚）的市场正常开放。亚洲时间正午时分，欧洲派反应迅速，马上进入市场，纽约的美国派也摩拳擦掌等待开市，大家的想法都一样——"抛售美元"。

发达国家协调达成的"广场协议"，降低了美元对其他所有货币的汇率，其中下降幅度最大的就是"广场协议"的主要目标——日元（图表3-1）。

没过一周，美元兑换日元就下跌到了210日元附近，到年末，已经接近200日元。1986年1月跌破200日元的关口，下跌势如破竹，一发不可收拾。

[①] 在日本，秋分的当天为法定节假日。

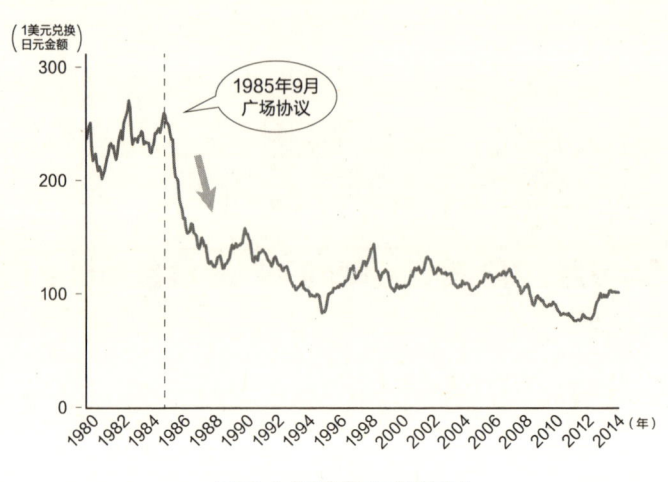

图表3-1 美元兑换日元的汇率变化

对美元过分下跌持警惕心理的日本银行虽然采取了下调利率和买入美元等市场介入措施，但无济于事。1986年7月美元兑换日元跌至150日元左右，只有1971年史密森协议设定值（308日元）的一半。换句话说，日元对美元的价值翻了一倍。美元贬值幅度已经超出了G5（达成广场协议的5国）的预想。

到了1987年，美元走低的趋势没有任何改变。G5加上加拿大和意大利七国（G7）为了稳定汇率达成了卢浮宫协议，但是这也没能阻止抛售美元的波澜。

卢浮宫协议以后，美元兑日元持续下跌，1987年年末时跌至120日元左右，至此，抛售美元的波澜终于平静下来。1988年以后稳定在120日元左右的水平，1989年以后，慢慢开始了超跌反弹过程。

1985年9月开始的发达国家"人为贬值美元作战"，当初只是预期两个月程度的项目，美元的跌幅目标设定为10%~15%的程度。为了贬值美元而进行了市场介入，同年11月的日美协调介入是最后一次。

但是，"广场协议"贬值美元的政治意图却支配了外汇市场3年之久，美元的下跌幅度大大超出了各国的想象。这让市场记住了政策的局限性——汇率变化的趋势只靠协调介入是不可能阻止的。

2. 广场协议背后的"里根经济学"

话说回来，在广场饭店参加集会的各国为什么会认为对汇率进行调整是必要的呢？这个故事的主人公果然还是美国。简单地说就是，美国想要让一直强势的美元贬值。

可是第一章已经叙述过，美国通过尼克松冲击和史密森协议已经将美元大幅贬值了，难道这个贬值幅度还不够吗？一定有读者有这样的疑问。确实，1978年美元兑日元的汇率一度跌到200日元程度。但是，从那以后到1979年，美元渐渐走高，到1982年已经回升到了280日元附近。

回升的背景是第二章讲述的美国货币政策。当时的美国联邦储备委员会主席沃尔克为了对抗通货膨胀采用了高利率政策，这招致了世界资本流入美国市场，致使外汇市场中美元回归强势。

当时的里根总统标榜"强势美元和强势美国"，对美元走高持欢迎态度，而实体经济上，出口的减少和进口的增加带来的贸易赤字明显扩大。在战后对积极财政和冷战高额的军费支出等财政赤字已习以为常的背景之下诞生的里根政权，为了恢复经济采取了大规模的减税政策，但是税收并

罗纳德·里根（1911—2004）：第四十任美国总统。通过减税、强势美元、扩大军费等"里根经济学"标榜强势美国，结果致使美国陷入经常项目赤字和财政赤字并存的"孪生赤字"之中。

没有像期待的那样增加，而是使财政赤字更加扩大。

"减税可以促进经济增长、增加税收"的说辞是通过美国经济学家拉弗在某餐厅的餐巾上画的曲线（拉弗曲线）而被人们知晓的。税收会随税率从零上升而上升，超过一定税率后开始减少。如果这样的话，美国的税率过高，降低税率的话应该会使税收增加——里根政府筹划的税收政策，只是一个连实证分析都没有的空虚理论而已，事实上也以失败告终。

1980年相当于GDP1%程度的700亿美元财政赤字，到1984年扩大到5%以上的2000亿美元。对外贸易收支则由1977年的300亿美元以上的赤字，攀升到1984年的1000亿美元以上。

再看经常项目收支，从1982年陷入赤字时的55亿美元，到1985年赤字额达到了GDP2.8%程度的1200亿美元。就这样，原本是世界上最大债权国的美国在1986年沦为对外债务超出对外债权的纯债务国。

20世纪80年代初，美国希望通过"里根经济学"[①]实现经济重建，结果却落入了经常项目赤字和财政赤字并存的"孪生赤字"之中，国内保护主

---

① 里根经济学：1981年就任的里根总统为了应对停滞性通货膨胀而采取的以大幅减税、增加军费、削减国防以外的财政支出和放松管制为主的一系列经济政策。

义势力开始抬头。虽然问题的本质是美国企业的竞争力低下，但是批判矛头却指向了经常项目黑字的国家——西德和日本。

换句话说，用华丽的辞藻标榜强势美国的"里根经济学"政策的失败带来了不均衡问题（孪生赤字），当时的美国要通过调整对日元、马克的汇率来解决这些问题。

将国内问题偷换为对外批判是政治的惯用手段，这个时代的美国就是一个典型的例子。那时，因为出口高峰的影响，贸易摩擦越发显眼的日本理所当然地成了美国政府最大的目标，这也是国际政治带来的必然结果。

3. 日美贸易摩擦的原因在于美国企业竞争力低下

第二次世界大战结束后不久，一直遥遥领先的美国经济开始慢慢地发生变化。随着欧洲和日本的经济复苏，外国产品开始流入美国，而美国的产品在海外却越来越难卖。

先是日本的纺织品横扫美国市场，紧接着钢铁产业也开始席卷美国。20世纪80年代，汽车和彩色电视机等耐用品流入美国，使得战后日美贸易出现逆转，日本由赤字转为黑字，美国转为赤字。

日美之间为了应对这些贸易摩擦，通过日美纺织品谈判和对美自主出口限制等措施缓和对峙关系。但是日本的出口商品已经涉及半导体等多方面，两国间的贸易差额越来越大。

如此一来，议论的重点从当初的"如何限制日本的出口"转变为"增加日本从美国的进口"。广场协议之前开始了MOSS协商，就废除电信、电子、运输机器、医药品、医疗器械、林业等行业的进入壁垒展开了讨论。

即使这样，在美国"日本威胁论""日本异质论"的氛围还是高涨起来，不断有声音批判日本单方面以低价商品等不正当竞争手段出口。矛盾不断激化的过程中，汽车产业集中的底特律，多次发生打砸日本车的示威游行，使美国政府也不得不认真采取对策。美国企业失去竞争力已然是十分明白的事情。

如果要举例子的话，汽车产业就是最好的例子。通用汽车、福特、克莱斯勒三大汽车公司在战后针对美国社会以"大型化""高级化"的路线进行生产。20世纪70年代的石油冲击使低耗油量的小型车的需求上涨，3家公司认为这只是暂时性的需求变化，并且都执拗地生产有赚头的高级车，致使小型车市场被日本等国的企业侵吞。

事态的恶化使三大汽车公司开始匆忙地进行小型汽车的开发，不过为时已晚。那时三大汽车公司的产品已经不是日本车的对手。面对丰田、本田等公司陆续投入市场的小型汽车，三大汽车公司毫无办法，这也使得三大汽车公司之一的——克莱斯勒走到了经营危机的边缘。

日本顺应了里根总统的主张，1981年开始实行对美汽车自主出口限制，直到1994年才彻底解除这个限制。也就是说，广场协议的强制性汇率调整措施，对日美间的贸易来说并没有带来预先期望的效果。

在说明这个背景之前，让我们先来回顾一下，广场协议之前日美间针对调整日元美元汇率的活跃的政治动向。

4. 日元美元委员会上日本为何被迫"金融开国"

1981年就任的里根总统不仅取消了第二年11月访日的行程，为了调整汇率，还要求日本必须进一步开放东京市场。日元的自由度增加的话，就会引发外汇市场"买入日元"的趋势，从而带来改善日美间贸易收支所必需的日元兑美元汇率的大幅调整。当时经济问题日趋严重的美国，开始倾向于这种假说。

虽然日本一直强调"美元走高是因为美国的高利率政策"，但是美国主张"问题在于日本"，日本没能拒绝美国提出的要求。同里根总统进行会谈的中曾根首相成立了日元美元委员会，两国就东京市场的自由化和利率的自由化，以及日元的国际化等问题的共同研究达成了一致。但是，两国的中央银行，即美国联邦储备委员会和日本银行并没有代表参加会谈，这也说明了为何美元日元问题是政治问题的原因。

这个日元美元委员会从1984年2月起召开了6次会议，5月发表了报告书。报告书的主要内容基本上是美国强迫日本"金融开国"：金融资本市场自由化，废除外国金融机构进入日本的壁垒，发展欧洲日元市场，废除对直接投资的管制和障碍等。

日本提出的通过一定的过渡期逐步缓解金融管制的主张被拒绝，一个接一个地接受了美国的要求。日元美元委员会的协议废除了外汇市场的刚性需求原则。此外，其他具体"开国"措施有：创设日元资产BA[①]（银行

[①] BA：为了筹措贸易所需的日元资金，由存款人出具的，被公认外汇兑换银行承认的日元汇票（Banker's Acceptance）。

承兑汇票）市场，废除兑换日元的管制，进入海外系的信托业务，创设欧洲日元CD①市场等。

可是，日本市场的开放，真的能成为外汇市场中日元走高的动力吗？事实上，资本市场中日元资产的交易增加，海外势力在东京市场的商业机会变多的看法与事实相悖，"买入日元和卖出美元"的交易并没有预期的那样多。

相反，日本的投资意愿被刺激，面向美国的投资增加（资本流出），进一步促进了"卖出日元和买入美元"的进行。美国在这一番金融开国里所得到的东西，从结果上看，也只不过是扩大了美国金融机构的收益机会而已。

另一方面，这也使得日本的金融机构有了"黑船再度袭来"的恐怖感和警惕感。但是从结果上看，资本市场的扩大增加了很多商业机会。值得一提的是活跃的证券市场增加了银行进入证券业界的意愿。这也是日本金融产业成长为现代模式的契机。

日元美元委员会并没有像其名字那样对汇率产生很大的影响，反而带来了市场商机扩大的副作用。这也使得美国政府开始认为调整美元兑日元的汇率只有直接干预外汇市场一条路可走。为了使美元着实可以贬值，各国对外汇市场的协调介入是必需的，这样的认识传达给G5各国，也就有了随后的广场协议。

---

① CD：可以转让给第三者的银行定期存单（Certificate of Deposit）。

5. 外汇市场介入的极限

外汇市场介入是指中央银行根据政府意向，在外汇市场中对本国货币进行买入或卖出的行为。虽然日本媒体经常会用到"日银介入"这样的词语，但实际上决定介入的是日本财务省，日银只是按照财务省的命令，根据资产负债表进行市场操作的执行者而已（图表3-2）。其他国家也是同样的模式。

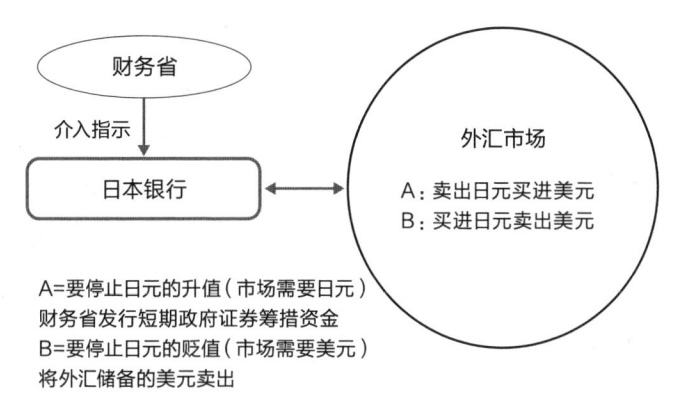

```
      财务省
        │
      介入指示
        ↓
     日本银行  ←→   外汇市场
                   A：卖出日元买进美元
                   B：买进日元卖出美元
```

A=要停止日元的升值（市场需要日元）
财务省发行短期政府证券筹措资金
B=要停止日元的贬值（市场需要美元）
将外汇储备的美元卖出

图表3-2 外汇市场介入的结构

例如，日本进行卖出日元买进美元的介入时，是为了阻止美元的持续下跌（也就是日元的持续升值）。反过来，买进日元卖出美元的介入是为了阻止美元的升值（即日元的贬值）。广场协议执行的政府介入，就是积极地推进美元下跌的买进日元卖出美元的举措。

从近年来日本的外汇储备可以看出，2003年以后急速上升。这是因为当时日本政府为了振兴出口，防止日元兑换美元升值而采取的大量卖出日元买进美元的外汇市场介入的结果（图表3-3）。中国也采取了同样的货币政策，结果就是累积了比日本还要多的巨额的外汇储备。

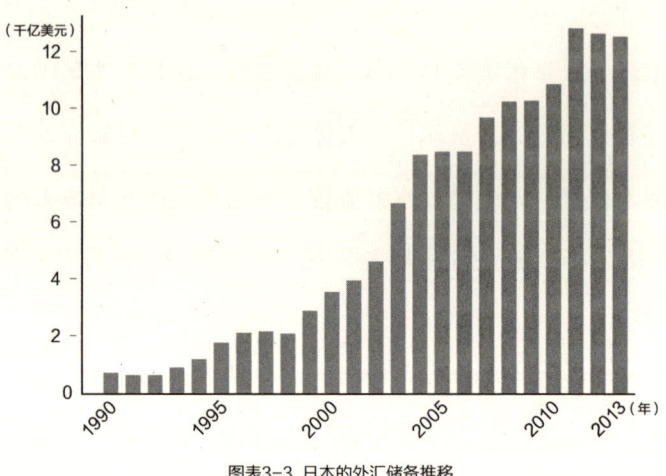

图表3-3 日本的外汇储备推移

与此相反的例子是，2013年土耳其和印度等新兴国家为了阻止本国货币的急速贬值，进行了买入本国货币·卖出美元的外汇市场介入。这种情况，卖出美元会使外汇储备减少相应的数量。

按照这样的视角，我们再来重新审视一下广场协议。

前面已经叙述过，美国想要降低美元兑换日元和西德马克的汇率，日本和西德（当时东德和西德尚未统一）被迫与美国达成共同声明，该声明有着充分的卖出美元的诱导力。当时的声明要点如下：

①各国财政部长和中央银行行长就改善至今存在的巨大的对外贸易不均衡问题达成一致。

②各国财政部长和中央银行行长就通过政府介入调整汇率消解不均衡问题达成一致。确信美元以外的货币可以一定程度地有秩序地升值。

只要看了以上声明，不管是谁，相信都会想要卖出美元买进日元或者马克。但是各国在此声明的基础上，还制定了进行协调介入的方针。实际进行的美元卖出介入的总额有102亿美元规模，其中美国32亿美元、日本30亿美元，两国占了一半以上，西德、英国、法国三国合计20亿美元，其他参加国合计20亿美元。

近年来的外汇市场介入，更多的是对抗投机资本，阻止或反转投机资本制造的市场趋向，因此，基本上都是暂时性的介入措施。而广场协议的协调介入，是主要国家有意图地诱导汇率变化的计划性措施。

但是，正如所看到的一样，协调介入带来的汇率修正大大地超出了当初计划的水准。与此相反，卢浮宫协议后的协调介入却并没有达成阻止美元大幅下跌的目的。1988年1美元兑换120日元的汇率，是广场协议的出席者们谁都不曾料想的。

20世纪90年代以后日本也经常会实施协调介入，2011年3月东日本大地震后为了应对日元的急速升值而进行的协调介入就是其中之一。但是"设定了目标范围的协调介入"，广场协议是最后一次。现代的外汇市场，已经成长为不是几个国家就能控制的巨大市场。不难看出协调介入的效果是有限度的，一个国家进行的单独介入所收到的效果更是非常有限的。

6. 美元汇率走低如何催生了日本的泡沫经济

通过广场协议，美元兑换日元从240日元直落到1988年的120日元，各国期望解决的不均衡问题是不是已经解决了呢？

我们来看1985年以后日本和美国的经常项目收支情况,广场协议后的几年里,汇率调整确实带来了一定的效果(图表3-4)。日本的经常项目黑字于1986年开始下降,到1990年黑字幅度大约减少了一半。另一方面,美国的经常项目赤字逐年减小,1991年基本达到了收支平衡的程度。

图表3-4 日本和美国经常项目收支的变化

然而,此后日元走高美元走低的基调又发生了巨大变化,日本的经常项目黑字持续增加,美国则再次陷入经常项目赤字增加的局面。结果,美元大幅贬值带来的效果非常短暂,并没能长久地解决不均衡问题。

在这个过程中,美国面对美元的大幅贬值,开始担忧发生通货膨胀。为了抑制通货膨胀主张采取高利率政策的美国联邦储备委员会主席沃尔克,表达了对美元的急速贬值的强烈的警惕心理,对广场协议的副作用表示担忧的声音也越来越多。因担忧通货膨胀导致美国的长期利率上升,这也埋下了下一章要讲的"黑色星期一"的伏笔。

另一方面，为了消解日美不均衡问题而大幅走高的日元，使日本出现了"日元升值萧条"。为了应对萧条，日本银行首先采取的是积极的货币宽松政策。降低利率使企业更容易进行投资，家庭也更容易借入贷款购置房产。而政府迫于扩大内需的压力，采用了扩大公共事业等财政政策。正是这些积极的措施，孕育了无法挽回的日本泡沫经济。

日本银行将基准利率从1985年时的5%逐步下调到1987年史上最低的2.5%。这虽然带来了企业贷款的增加，但更多的却是加速了借钱来投资股市和不动产的所谓"理财技巧"的增长。银行的不动产投资相关贷款也出现增长，但这些除了引发"泡沫经济"的萌芽以外，什么作用也没有。

此外，为了促进经济增长而实行的财政刺激，将大量资金投于高速公路、桥梁、机场的建设，增发国债的倾向越来越强。当时就已经有财政预算过分依赖国债发行的强烈担忧，但是产业界对积极的财政政策的欢迎和来自美国的压力，使得政府的财政支出不断膨胀。

低利率和财政刺激等一系列的经济对策，是以力求通过调整汇率来解决不均衡问题的广场协议的副产物。这也成为带来日本经济"未曾有过的资产泡沫"的媒介。

虽然形式上有所变化，但21世纪的当下，以"量化宽松政策带来的股市上涨和不动产高期待"为代表的"创造金融的梦幻时代"，也是与此一脉相通的。

👉 **第三章要点**

广场协议：1985年G5（美、法、德、英、日）在纽约广场饭店发表的改变高位美元的协议。

● 广场协议后，美元跌幅超出想象，协调介入也没能阻止下跌。日元兑换美元升值为协议前的2倍，为了应对日元升值带来的萧条，日本银行采用了积极的货币宽松政策，政府则进行了扩大公共事业投资等大幅的经济刺激，这些举措催生了泡沫经济。

● "广场协议"的背景在于，虽然尼克松冲击和史密森协议使美元大幅贬值，但美国为了抑制通货膨胀而采用的高利率政策使世界的资产流入了美国市场，又造成了美元的升值。

● 里根执政时期，美国长期处于经常项目赤字和财政赤字并存的"孪生赤字"之中，为了转移国内的不满，将矛头指向经常项目黑字的西德和日本。

● 日本为了应对与美国的贸易摩擦，决定实行对美汽车自主出口限制，但本质的问题是美国企业竞争力的不足。此外，被迫"金融开国"的结果，增强了日本银行业进入证券业的意愿。

解说专栏——美国对低位人民币的批判

正如在史密森协议和广场协议中看到的一样，美国对日本和西德在增加货币汇率的问题上施加了强烈的政治压力。后来，这个矛头指向了中国，开始强迫修正低位人民币。这是因为中国通过外汇市场介入保持人民币处于低位水准，使得便宜的商品大量流入美国，美国对中国贸易赤字不断增加，美国国内的就业率不断下滑的情况日益严峻。

日本和西德顾忌美国，配合其要求升值本国货币，但以本国经济发展为第一位的中国采取的对策却有很大不同。对美国的人民币升值要求，中国屡次表明了决然反对的态度。作为"世界工厂"的中国，转型到内需主导的经济结构还需要一定时间，维持低位货币、增加出口的考量十分重要。此外，中国是美国国债的最大投资国，理所当然不会希望美元对人民币贬值。

第四章
噩梦一般的"黑色星期一"
风险管理的开端

1986年	2月	美国联邦储备委员会内部爆发政变
	4月	日本发表前川报告
1987年	2月	日本银行将基准利率下调为史上最低水准的2.5%
	8月	美国联邦储备委员会主席沃尔克辞职
		格林斯潘就任新主席
	9月	日本发生Tateho冲击
		美国将基准利率上调至6.0%
	10月	黑色星期一（股价大跌）

1. 1987年10月19日 "噩梦的前兆"

1979年8月就任的美国联邦储备委员会主席沃尔克，为了抑制通货膨胀采用了彻底的紧缩性政策，致使美国股市一直处于缓慢下跌的基调中。1982年以后受利率下调局面的影响，股市出现反弹。当时被称为"垃圾债券"（高息债券）的投机性公司债券市场十分活跃，兴起了杠杆收购的高潮，这对股价的上涨也起了推波助澜的作用。

这样的行情一直持续。1987年美国股市就已经有过热的迹象，从年初到8月份道琼斯工业平均指数上涨超过40%。但广场协议的介入，致使美元持续走低，市场开始大范围担忧美国政府会提高利率。

实际上，每当利率上升、预期增强的时候，美国的长期利率都会缓慢地上升，如同市场预测的一样，美国联邦储备委员会在1987年9月发表声明将基准利率从5.5%提升至6.0%。利率上升总是给股市带来逆风，这一次也不例外，不过利率上升自身并不是股市大跌的导火索。

美国股市的投资者在利率上调之前就已经有强烈的不安心理。使市场不安心理增强的是在利率上调一段时间之后的10月上旬。

在经历了数次股价下跌之后，美国股市终于在10月19日的星期一迎来了最强的强震。

这一天，道琼斯工业平均指数较上周末暴跌508美元，跌幅达到22.6%。这是超过1929年10月股价暴跌的史上最大的跌幅，市场将这个58年一遇的股价暴跌的日子称为"黑色星期一"。当天，标准普尔500指数跌幅超过20%。纳斯达克虽然只下跌了11.3%，但那是因为市场丧失了流动性，多个品种的交易已经无法成交。

在日本，对于20世纪30年代的大恐慌留有这样的记忆。1929年10月24日（星期四）引发大恐慌前兆的股价暴跌被称为"黑色星期四"，创下了当时最大跌幅12.8%的10月28日（星期一）被称为"黑色星期一"，第二天被称为"黑色星期二"，当日1600万股的交易纪录保持了40年。"黑色星期几"成了股市暴跌的代名词（图表4-1）。

	日期	跌幅	下跌点数	
1	1987/10/19	-22.6%	-507.99	黑色星期一
2	1929/10/28	-12.8%	-38.33	始祖（？）黑色星期一
3	1929/10/29	-11.7%	-30.57	黑色星期二
4	1929/11/6	-9.9%	-25.55	
5	1899/12/18	-8.7%	-5.57	
6	1932/8/12	-8.4%	-5.79	
7	1907/3/14	-8.3%	-6.89	
8	1987/10/26	-8.0%	-156.83	
9	2008/10/15	-7.9%	-733.08	
10	1933/7/21	-7.8%	-7.55	

数据来源：《华尔街日报》

图表4-1 纽约股市道琼斯指数跌幅排名

把话题转回1987年。

10月19日星期一，先于美国开市的亚洲和欧洲市场，已经出现了"噩梦的前兆"。日经平均指数下跌2%，各国市场股价均有不同程度下跌。意识到股价下跌的美国，在纽约市场开市前就迅速下调长期利率。之后，纽约市场开市与否已无关紧要，股价开始一齐暴跌。

不过，与1929年的大暴跌带来的实体经济恶化相比，1987年的暴跌并没有带来景气倒退。事实证明了这一点，第二天道琼斯工业平均指数反弹5.9%，21日再度上升10.2%。从结果上看，道琼斯工业平均指数在两年后的1989年8月就已恢复到黑色星期一之前的水平。

在日本，黑色星期一之后的第二天，日经平均指数较上周末下跌3836.48日元，跌幅14.9%。次日，出现了上涨2037.32日元的急速反弹，涨幅9.3%。非常明显，这与1929年大暴跌时的股价变动不同。这是因为黑色星期一发生的背景中，有着大恐慌时代所没有的特殊原因。

2. 暴跌背景中的"资产组合保险"是什么

1987年美国企业的股价处于相对较高的水平。股市上判断股价便宜或是昂贵通常使用市盈率（P/E），当时的市盈率达到23倍，超出战后平均水平很多。

再有就是美国经济的基本面问题，"孪生赤字"和"美元贬值"加强了市场的不安。为了引导海外资金流入美国，持续的高利率政策，致使企业的业绩恶化，这也成为影响股市的负面因素。

但是，这些都不足以用来说明"为什么10月19日会出现暴跌"。不得不认为，市场的不安心理越来越严重的时候，又被施加了什么意料之外的抛售压力。和这个假设最吻合的，是被称为"资产组合保险"[①]的交易手段。

为了理解这种交易，需要先知道"期权"的结构。期权分为看涨期权（Call options，买入的权利）和看跌期权（Put options，卖出的权利）（图表4-2）。一般来说，预测股价会上涨的话会买入看涨期权，反之则买入看跌期权。不过，持有大量股份的机构投资者，为了防范股价的下跌，会采用以避险为目的的提前买进看跌期权的战略。

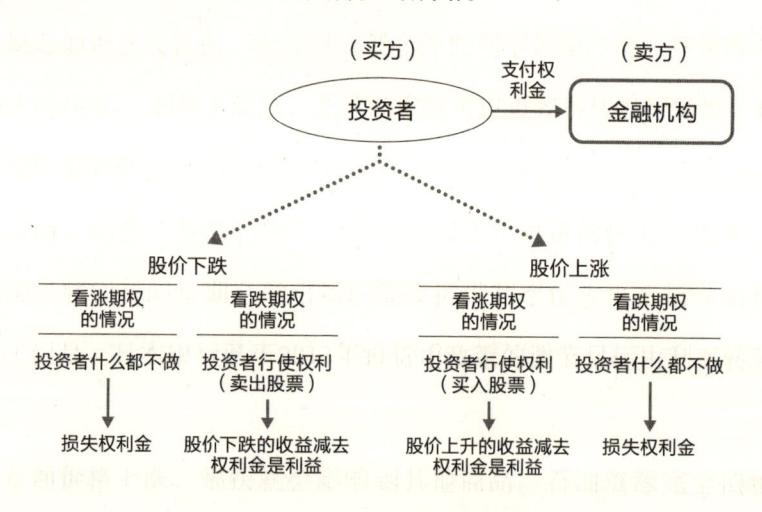

图表4-2 期权交易的方法

因为买进期权时最大的成本（权利金）是有限的，这样的战略相当于

---

① 资产组合保险：投资股票时，不管将来的投资环境如何变化，追求价格上涨的同时，回避下跌风险，确保一定资产价格的投资手法。

为了回避股价下跌风险而交了一定额的保险金。

当时处在发展中的资本市场，还无法随时提供以理论价格出售的所需期权，因此机构投资者十分欢迎类似于买入期权的金融商品的开发。

比如，作为看跌期权的代替，存在股价下跌时卖出股票期货，继续下跌时追加卖出股票期货的手法。这些就是资产组合保险。这种金融商品在1981年前后，开始慢慢地在美国的大型机构投资者之间渗透。

利用期货交易，股价上涨时下调对冲比率，股价下跌时增加对冲比率，这种操作通过计算机自动进行。这被称为"动态避险"，从理论上与看跌期权有同样的效果。

但是，1987年10月以后的股价变化中，资产组合保险引发的期货出售，加剧了市场的动摇。换言之，买入遭受压力时就无法以预想的价格卖出期货，只能以更低的价格卖出。

如此一来，现实市场中无法保证期权理论所描述的连续价格变化，也就无法达到想要的对冲效果。

资产组合保险的抛售，引发了其他投资者的跟风，导致了10月19日股价无法止步的下跌，也就是黑色星期一。这已是市场的定论。据说，当日的期货出售订单有一半是这个交易程序的订单。

机构投资者利用这种对冲手段计提了巨额的损失，这也是其自身采用的战术破坏了股市秩序的结果，是置自己于死地的范例。虽然不能说资产组合保险是引起黑色星期一暴跌的唯一导火线，但是它明确地告诉我们，金融工程学的预想需要一定的限制条件。

3. 带来大缓和时代的格林斯潘主席的登场

　　我们将视线再次移到货币政策上。因为坚持高利率政策成功地抑制了通货膨胀，市场对美国联邦储备委员会主席沃尔克的手腕越加信任。但是在忧心景气低迷的政治舞台上，并不是所有人都支持沃尔克。沃尔克断然拒绝执行宽松政策的要求招致了不满，首先站出来的就是担心影响1988年美国总统大选的财政部长贝克。

　　沃尔克于1979年8月卡特当总统时就任美国联邦储备委员会主席，4年后的1983年8月里根当总统时又获得连任。但那个时候，认为利率过高的政治势力与沃尔克之间的紧张感就不断升级。第二个任期结束的1987年8月，沃尔克称"该来的时候来了"，自主递交辞呈的背后是人事更迭的内幕。

　　1986年2月，美国联邦储备委员会内部事实上发生了"政变"。为了对付一直反对政府下调利率的沃尔克主席，里根总统提任的美国联邦储备委员会理事们突然要求对下调利率政策投票，并且以多数票赞成通过。这就像是在公司的董事会上通过了反对董事长的议案一样。

　　对这种在背后暗箱操作的政治手段，沃尔克主席愤怒不已，向财政部长贝克递交了辞呈。由于担心沃尔克的突然离任会导致金融市场的混乱，政府尽力挽留，结果是沃尔克继续任职到任期结束。

　　实际上，1987年6月沃尔克主席递交辞呈的时候，在美国的债券市场就引起了恐慌，长期利率急剧上升。抵抗政府政策压力的"美国金融的守护神"要消失了，市场又出现了对美元贬值和通货膨胀再次发生的恐惧。这对于接任的格林斯潘来说，绝不是一个前景乐观的登场式。

可能是格林斯潘主席从这样的市场反应中读到了"继续走沃尔克路线"的必要性，就任后首先做的就是上调利率。可是，就在这之后不久，格林斯潘就直面了黑色星期一。

新主席对状况变化的对应，事实上非常迅速而且灵活。黑色星期一后的第二天一早就发表声明称"美国联邦储备委员会有充足的流动资金供给准备，可以保卫经济和资本市场"，成功地平息了股市内大范围的不安。"主席早早地通过了严峻的考验"——媒体也给予格林斯潘很高的评价。

艾伦·格林斯潘（1926—）：第十三任美国联邦储备委员会主席。使用灵活的货币政策实现了"大缓和"，但因过度相信市场技能的自由主义指挥路线，招致了雷曼兄弟危机而受到批判。

此后，美国经济迎来了繁荣期，就算称作"格林斯潘时代"也不奇怪。到2006年1月伯南克继任为止的18年多的时间里，格林斯潘用擅长观察市场的眼光，运用灵活的利率政策，通过时而抛出一些云里雾里让人难解的发言来操纵市场，达成了低通货膨胀率和高增长并存的大缓和[①]而备受称赞。

---

① 大缓和：是指发达国家从20世纪80年代后期开始的、大约持续20年的、宏观经济波动较低且通货膨胀率也处于低位的时代。

在大缓和时期，劳动生产率提升了，通过增加借款来扩大投资和消费的资金杠杆功能也被充分利用。虽然后来才知道这种增长过程缺乏持久性，但使经济从黑色星期一中脱身的格林斯潘主席的手腕，已经世界闻名。

就这样，"美国联邦储备委员会的货币政策是万能的"的错觉开始在美国内外扩散。

4. "黑色星期一"的间接原因——西德的反抗精神

引发黑色星期一的主要原因是孪生赤字和美元不断下跌等美国国内的经济问题，而当时西德的货币政策，作为重要的外部原因，是有必要说明一下的。

如果说拉动20世纪80年代世界经济增长的只是日本、美国、西德三个国家，也并非夸张。所谓发达国家之间的协调其实只是三国之间的协调，1987年2月为了阻止美元下跌而达成的卢浮宫协议，虽然名义上是G7，实际上主要还是这三个国家。

20世纪70年代后期，失去了增长动力的美国抛出了"日德机车理论"（Japan-Germany Locomotive Theory），要求日本和西德作为牵引世界经济的火车头。进入80年代后这个要求更加强烈，除了使美元贬值以外，美国还强烈要求两国扩大内需。

对于美国的这个要求，日本选择了合作。发表"前川报告"，将出口型转向内需型的增长模式作为目标，以国际公约的形式承诺扩大公共事业和高增长率。与此相对照，西德则是贯彻始终地坚持以避免通货膨胀为最优先的立场。

西德在卢浮宫协议之前决定下调利率，日本也下调基准利率到史上最低水准的2.5%，各国协调阻止美元走低。但此后，渐渐地美国和西德的分歧越来越明显。

美元走低的势头一直停不下来，开始出现利率将要上升的预测，长期利率开始一点一点上升。另一方面西德对通货膨胀的担心加重，开始检讨紧缩性政策。

这很容易导致美元的进一步下跌，但是西德对美国的强烈反对毫不顾忌，毅然决然地采取了诱导短期利率上升的政策。市场看到"协调体制崩溃"，随即出现动摇。这样看来，美国和西德的对立可以说是引发黑色星期一的间接原因。

那么西德为什么会对通货膨胀这么敏感呢？这是因为在1923年魏玛共和国时期高达30 000%的恶性通货膨胀的悲剧在他们的脑海里烙下了深深的印记。这是他们无法忘却的记忆。

第一次世界大战以后，受巨额的赔偿金和法国进驻鲁尔区的影响，德国中央银行承担了国家债务，开始大量发行纸币，德国陷入恶性通货膨胀。从那以后，"绝不允许通货膨胀再次发生"就成了德意志联邦银行最优先的政策目标。

同国际协调监管相比，西德优先选择了本国经济，虽然美国强烈批判西德的这种做法，但站在西德的角度上，牺牲国民经济是不可能换来长久发展的。1999年导入欧元的时候将欧洲中央银行设在德国的法兰克福，可以说是欧元区重视德意志联邦银行一直坚持的反通货膨胀精神的表现。

现在，德国作为欧元区导入灵活的货币政策的最大障碍而受到批判。特别是美国，不时地点名批评德国死板的金融、财政政策。可以看出，这种对立在黑色星期一之前就已经出现。

5. "财技风暴"中发生的Tateho冲击

虽然与黑色星期一没有直接的关系，但让我们感受一下在广场协议后发达国家的协调体制等一连串的对应中，日本市场上刮过的"财技风暴"。"财技"是"财务技巧"的简称，用以形容想通过金融商品获得财富的风潮。具体来说，就是将手头的剩余资金或低息贷款投资于股市、债券市场或不动产市场等，来获取更高收益的财务战术。

诱导美元贬值成功以后，作为阻止美元不断下跌的手段，日本采用的旨在诱导售出日元的下调利率的政策，却助长了资产投资，加速了"财技"的风行。

1987年2月日本银行将基准利率下调为2.5%，这是当时的史上最低水平。银行将持有的客户互持股份分离后，开始积极地投资股票。那时利用的特定金钱信托被称为"特金"，成了财技的代名词（下一章详细叙述）。

事业法人也将大量的资金投于股票和国债。在长期利率急速下降的情况下，出现了利用两年前购入的国债期货只用少量本金赚取高额利益的企业。1987年5月，当时的国债指标品种89回债（即10年期有息国债）的收益率下降到了与基准利率基本持平的2.55%，投资的狂热可见一斑。

从那以后长期利率虽然也一直维持在超低水准，但"国债泡沫"的警惕感逐渐增强，利率走低的行情迎来了终点。9月，生产电解熔融氧化镁（用于铁匠铺等的耐火材料）的世界级厂商Tateho化学工业，因国债期货计提了286亿日元的损失。损失额约是该公司年销售额的4倍。

这个事件被称为"Tateho冲击"，受到了广泛的关注，海外媒体也做了相关报道。此事件仅仅是投资过热问题冰山一角的看法蔓延开来，股市和债券市场开始暴跌。长期利率由5月的2.55%，跳升至10月的6%以上。

日本的国债暴跌事件虽然发生过很多次，但因投资者疑神疑鬼导致暴跌的"Tateho冲击"作为现代国债市场的宝贵教训，是应该被长久记忆的事件。

发生资产泡沫的自然不只是国债市场。1989年向历史最高值冲刺的股市、20世纪90年代构筑了巨额的不良债权大山的不动产市场，都出现了历史性的泡沫经济症状。但是，正如格林斯潘所说的一样，"经济泡沫不破裂便不知道它的存在"。1985年以后的日本市场，"钱很富余"成了打招呼的用语，人们相信股票和不动产市场都有无限上升的空间。

6. 风险管理的开始和极限

黑色星期一让世界知道了"市场风险"的恐怖。特别是对从"静态借贷的世界"向"动态市场的世界"已经迈出了数步的银行来说，使营业利益大受冲击的股价暴跌，是与未知事物的交锋。现在基本上所有的组织都有"风险管理"的概念并且进行着相关的活动，但在当时，相比对风险的顾虑来说，对股价上涨带来回扣的期待支配了市场。

针对这种可以影响银行经营的"市场风险"，当时在美国已经出现了有高度风险管理体制的银行。它就是在20世纪70年代预见了零售银行的极限，战略性地向市场业务专门化转变的美国信孚银行。

吸收存款提供贷款是商业银行的业务，而利用自行去除了利率和信用等市场风险的有价证券和金融衍生工具，向顾客提供避险对冲工具是投资银行的业务。美国信孚银行由商业银行业务向投资银行业务，大胆地打了一个满舵。这也使其由"平凡的中坚银行之一"一跃成为"唯一的市场业务专门银行"。

他们所开发的是被称为RAROC（Return on Risk-Adjusted Capital，风险调整资本收益）的风险管理概念。它将各事业部门和个别投资机会的收益性加权风险之后在同一个水准进行比较。

例如，比较投资国债还是索尼股票时，必须考虑商品的风险，将它们的纯利益除以必要的风险资本所得到的就是RAROC。通过比较这个值来评价是否冒险。

信孚银行将这个风险管理概念与自营商以至经营团队共享，协调了市场业务。黑色星期一发生时，RAROC的思考方式已经传播到其他银行，1990年J.P.摩根进一步发展了风险管理，创造出新的风险管理手法VaR

（Value at Risk）[1]。

这样的风险管理手法成为日本的金融机构的标配是在黑色星期一的数年之后，20世纪90年代的后期。VaR在经过数次的修正后，仍然在被金融机构的市场部门使用。不过，VaR等风险管理指标终究只是统计数字而已，无法完全表现出市场风险。

利用VaR进行风险管理是存在着弱点和界限的。被称作"VaR冲击"的2003年日本国债市场的暴跌，构筑了风险管理体制、走在世界最前端的J.P.摩根在2012年计提了62亿美元的巨额损失都说明了这一点。

---

[1] VaR（Value at Risk）：由市场风险算出最大预期损失的指标。用以计算保有的资产在一定概率的市场变动范围内，导致多少损失及其可能性的大小，也适用于信用风险管理。

☞ **第四章要点**

黑色星期一：1987年10月发生的史上最大规模的世界性股票大暴跌。但是，不同于1929年实体经济恶化导致的大萧条，股价发生了急速反弹。

●广场协议带来了一发不可收拾的美元贬值，市场广泛认为美国会上调利率时，1987年9月美国联邦储备委员会发表声明上调基准利率。但这并不是引发黑色星期一股价暴跌的导火索。大背景是"孪生赤字"的经济结构、美元持续下跌源于美国国内经济的原因和西德的高利率政策的诱导。

●成为暴跌直接导火索的，是"资产组合保险"的出售。"资产组合保险"原本是用作回避行情下跌风险的一种交易程序。黑色星期一使世界认识到市场风险的重要性，也成为风险管理这一概念广泛传播的契机。

●黑色星期一之前刚刚上任的美国联邦储备委员会主席格林斯潘，因成功应对黑色星期一而得到了很高的评价，也因在此后长达18年的任期内实现了大缓和而受到称赞。但这是在提升劳动生产率的同时，利用增加负债而实现的、脆弱的增长过程。

第五章
日本经济泡沫破裂的沉重打击

日本银行业开始衰败

1983年　日本解禁国债的窗口销售

1984年　日本废除外汇市场的刚性需求原则

1989年年末　日经平均指数达到38915.87日元的顶点

1992年　伊予银行吞并东邦相互银行

1995年　内阁会议决定住宅金融专门公司的处理方案

1997年　三洋证券破产

　　　　山一证券停业

　　　　北海道拓殖银行破产

2003年　官方向里索纳银行注资

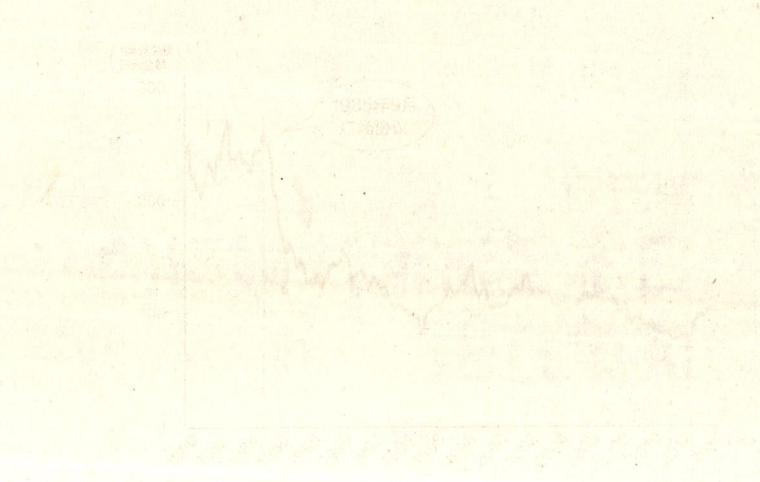

1. 1989年12月29日 日本股价的顶点是下跌的序章

日本的证券交易所把年初的第一个交易日叫作"大发会",年末最后的一个交易日叫作"大纳会"。如果不与周末重叠,每年的1月4日是大发会,12月30日是大纳会,这是日本证券界的习惯。1989年12月30日是星期六,所以这一年的大纳会是前一天的29日。这一天日经平均股价年初以来以38 915.87日元的最高价结束了交易。

辞旧迎新的时候,媒体议论的话题都是1990年以后股票会上涨到什么程度,日经平均指数到达40 000日元也不觉得满足的乐观论者,不断地给出更高的预测值,坚挺上涨的预期充斥着市场。甚至有大型证券公司向投资者抛出"长期目标是80 000日元"的市场预估。

但是,这一天的日经平均指数却成了顶点,第二年的大发会以后便开始不断下跌(图表5-1)。即便是30年后的今天,日经指数依然大幅低于当时的水平。谁都不再说会很快突破当时的最高值了。日本的泡沫破裂,着实是该写入历史的大事件。

刚进正月,股市狂热的终点就突然来了。这不仅冲击了证券公司、机构投资者、个人投资者,也给银行带来非常大的打击。原因前面已经说过,当时的银行除了作为政策投资的企业互持股份以外,还进行了积极的股票投资。

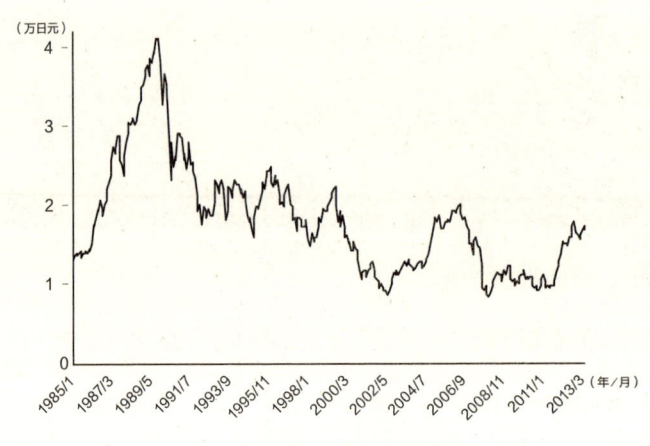

图表5-1 日经平均股价的推移

当时邦银利用的是上一章所讲述的被称为"特金"的信托银行——"特定金钱信托"（图表5-2）。这是一种投资人将金钱托付于受托者信托银行，由运用管理人来使用这些金钱的投资方式。这时运用管理的自然是委托者，也就是邦银。

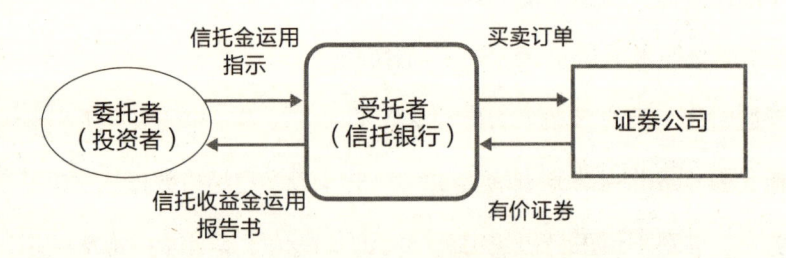

图表5-2 特金的结构（自主运营时）

这么做的目的在于，银行将自己持有的低账面价值的股票分离，进行股票投资。举个例子，购入了1股100日元的股份，当股价上涨到10 000日元的时候，如果再购入1股的话，之前持有的股票的账面价值就上升为5050日元，假设以11 000日元卖出了1股，销售利益不是1000日元，而是5950日元。这不仅需要支付更多的税金，还会使收益减少。

为了避免吃这种亏而广泛使用的"特金"，在金融业界成了泡沫的代名词。当然，不只是银行和机构投资者，很多事业法人也将剩余资金和贷款投资于"特金"和"信用基金"。信用基金是将资产运用委托于信托银行的指定金外信托等的财技。

股票上涨的气氛在日本全国蔓延开来，银行通过"特金"等股票投资增加了收益，同时在主业中也增加了面向企业的不动产担保融资。随着股票价格的上涨，不动产的价格也将永远上涨的神话形成了。特别是有着强烈的统一阵线意识的银行业界，卷入了不动产抵押贷款竞争的旋涡中。

20世纪90年代股价转为下跌以后，银行进行股票投资的损失开始显现。事业法人中，像养乐多和阪和兴业等法人一样，泡沫破裂后引发巨额损失的例子非常多。此外，还有最近才开始显露出当时财技失败的奥林巴斯就是这样的例子。

话虽如此，相比于股价在1989年12月29日到达顶点来说，不动产市场在进入1990年后上升的势头并没有衰退。对股票价格会重新振作的期待感也带来了对不动产的强烈期待，银行的营业部门依旧非常强势。

2. 20世纪80年代的荣光和90年代的挫折

第三章说到广场协议的时候，有说过日元暴涨下日本银行的宽松货币政策酝酿了资产泡沫。1989年年末的股价的顶点，敲响了资产泡沫破裂的终局就要来临的晚钟。但是对于在宽松的货币政策下，借助于融资和利差的扩大而增加了收益的银行来说，还留有泡沫的余韵。

20世纪80年代是银行贷款大幅增加的时期。在金融缓和的背景下，70年代日本经济由高速增长向稳定增长过渡时，缩小的企业贷款转为增加，以及金融的自由化开始加速等都是其原因。

此前受利率规制、行业规制①，外汇刚性需求原则等严格管制的银行业，不仅导入了新型定期存款等新商品和解禁了国债的窗口销售等新业务，在利率自由化发展之外，还开始了公债的交易。银行也进入了市场竞争的时代。

打着"日元国际化"的招牌，日欧货币交易自由化和东京离岸市场②的创设都是在这个时期发展起来的。企业积极投身海外，银行也紧随其后，在纽约、伦敦相继设立海外营业所，以丰富的资金为基础，积极地发展海外融资业务。

这样的变化可以被当时流行的标语"两个国际化"③所代表。这也成为邦银在"市场"和"海外"这两个新车轮之上，摸索新的收入源的契机。这个时期是邦银在海外存在感极高的全盛时期。

正如第二章所述，20世纪80年代后期，美国的大型银行深陷于三个L的融资问题处理之中，这使银行耗尽了体力。为了捕捉这些商机，除了专门

---

① 禁止涉足本行业以外的行业。
② 离岸市场：不受国内法律制约和规制的自由市场。非居住者可以进行自由的金融交易，税制等制约非常宽松。日本的离岸市场JOM（Japan Offshore Market）于1986年创设。
③ 国债流通市场的扩大国际交易的增加，日语国债和国际的读音相同。

从事海外业务的东京银行之外，其他的都市银行、长期信用银行、信托银行，甚至是大型地方银行也都开始积极地进军海外。

顺便说一句，如此这般在海外市场上博弈的邦银，其融资增加额显得非常突兀，这也成为后来英国和美国主导的巴塞尔银行监管委员会导入银行自有资本比例规制[①]的原因之一。

不过，银行经营的主流，还是面向国内企业的贷款。企业积极地进行业内设备投资，对持续上涨的不动产和股票等财技的投资活动也变得十分活跃，泡沫经济不断深化的过程中，银行和企业在表面上构筑了双赢关系。

增长特别迅速的是面向中小企业、非银行金融机构、不动产建设和个人的贷款。此后不动产市况急速恶化、让银行大伤脑筋的不良债权的种子就是这样埋下的。

因为这样的国内状况，不得不以全部力量进行巨额不良债权处理的邦银，开始从海外撤退。席卷国际金融市场的短暂的全盛时代就这样结束了。

---

① 自有资本比率规制：为了确保银行的经营健全性，要求自有资本比率达到一定标准以上，1988年面向开展国际业务的银行发布。

3. 金融破产的多米诺现象开始

20世纪90年代日本最初发生金融破产的是最后一个相互银行①——爱媛县的东邦相互银行。该行在1992年被伊予银行吞并时进行的资金援助,是日本存款保险制度②的首次运用。

此后,大阪的东洋信用金库破产,接着是1994年的东京协和信用金库和安全信用组合,1995年木津信用组合和Cosmo信用组合,然后是兵库银行,金融破产的规模扩大到大型金融机构(图表5-3)。

1991年	东邦相互银行	1998年	福德银行
1992年	东洋信用金库		Naniwa银行
1993年	釜石信用金库	1999年	绿(Midoli)银行
1994年	东京协和信用组合		日本长期信用银行
1995年	兵库银行		日本债券信用银行
	Cosmo信用组合		国民银行
	木津信用组合	2001年	东京相和银行
1996年	太平洋银行		Namihaya银行
1997年	阪神劳动信用组合		幸福银行
	朝银大阪信用组合		新潟中央银行
1998年	阪和银行	2003年	石川银行
	京都共荣银行		中部银行
	德阳城市银行	2008年	足利银行
	北海道拓殖银行	2010年	日本振兴银行

图表5-3 主要金融机构破产一览

---

① 相互银行:面向中小企业的金融机构,后被推进转换成为普通银行。相互银行相关法律也已废止,现在已经不存在了。
② 存款保险制度:金融机构破产的时候,用于保护存款人和确保履行资金清算来维持信用秩序的制度。在日本,定期存款、普通存款,存款人一人在一个金融机构中合计本金1000万日元以内,到破产日为止的本金和利息受到保护。

但是概观日本的金融破产，不能漏掉的是住宅金融专门公司，也就是"住专"。专门从事面向个人的住宅贷款的住专，不断被银行、信贩（公司）、住宅金融公库剥夺市场，不得不扩大面向企业的不动产事业融资。

随着股价开始加速上涨的不动产市况，对于住专来说是最好的商务环境。更进一步，1990年实行了抑制不动产融资的总量规制，而住专不在对象之内。银行和农林系金融机构便开始争相地向住专提供融资（图表5-4）。

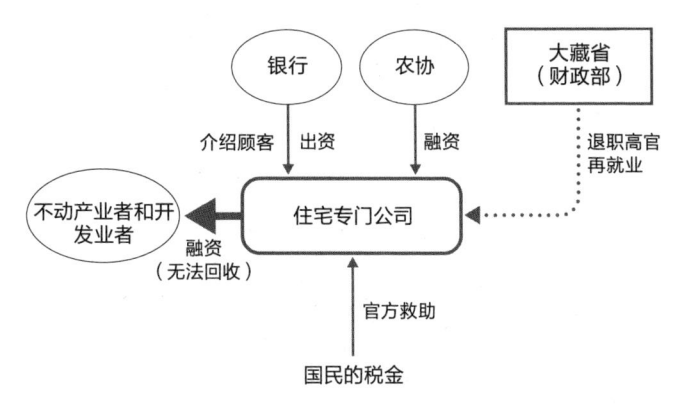

图表5-4 住专问题发生的原因

但是，随着利率的上升，不动产的价格已经接近顶点。1991年前后，以大都市圈为中心地价开始下跌，1992年1月全国公示价格较前年下降4.6%，此后下跌幅度不断扩大，不动产市况一味地恶化。

以银行和农林系金融机构的贷款为基础的住专，其急速增加的不动产担保融资坏账被发觉也只不过是时间问题。没过多久，1995年8月通过政府主管机构的检查，查明了超过其总资产一半的6万亿日元的巨额损失。结果，七大住专破产，政府投入资金进行最终损失处理。

这个住专问题，海外媒体也以"Jusen"①为题大肆地报道，吸引了市场的注目。而这并非日本金融机构衰落的最后阶段，仅仅是一个开头而已。

1997年11月三洋证券因过剩投资和子公司大量的不动产关联投资破产，这是前所未闻的无担保拆借资金违约事件。紧随其后的是山一证券，因发现了巨额账外负债而发表声明自主停业。之后，都市银行一角的北海道拓殖银行因处理不良债权耗尽财力导致破产。日本经济发生了强烈的地震。

特别是北海道拓殖银行的破产招致了对其他都市银行和长期信用银行的不安。显然，无论是什么银行，除了程度的差别以外，都持有相当数量的不良债权。

日本的金融系统会变得不稳定吧，这样的担忧高涨之时，政府设立了金融监督厅，对大型银行进行了严格的集中检查。结果，日本长期信用银行和日本债券信用银行发生了大幅的资不抵债，最终迎来被国有化的冲击性结局。

日本政府为了结束恐慌，决定向全部经营中的大型银行注入政府资金，进入21世纪以后金融系统终于开始稳定下来。最终，2003年向里索纳银行注入2万亿日元规模的资金后，日本的金融问题终于得到解决。从股价登顶经过了15年，是很长的一段路。

---

① Jusen：当时的日本银行和信用社受法规限制，投向房地产的规模有限，于是它们成立各类金融子公司，简称Jusen。实际上，Jusen就是日本20世纪八九十年代的影子银行。

4. 因市场感觉欠缺招来的不幸

银行是聚集家庭存款等资金向企业提供贷款的机构。反过来讲，企业所需要的资金来自家庭存款可能更符合现实情况。无论怎么描述，银行都是利用这之间的利率差来赚取利润的。即使进行一定的规制，只要贷款方不破产就应该可以确保收益性。

在日本，为了支撑战后经济复兴，政府期望构筑安全的金融系统，采用了被称为"护送船团方式"[①]的银行政策。政策规定了存款利率的上限，避免发生无用的吸收存款竞争，使用临时利率调整法对一年以内的贷款利率进行管制。这样，弱小的金融机构也得以生存，银行形成了稳定的收益结构。

只以债券作为存款筹措途径的长期信用银行，将主要商品金融债的利率加上一定利率差，作为贷出时的长期优惠利率，也是可以确保利润的业务系统。换句话说，银行不能破产曾是日本金融机构的铁则。

如前文所述，进入20世纪70年代，金融自由化的大潮袭来。企业将剩余资金用于现先取引[②]，可以获得比银行存款更高的回扣。另一方面，公司在市场的自由化使得优良企业可以用比银行贷款更低的成本筹措资金。

---

① 护送船团方式：日本政府为了不让弱小的金融机构落伍，利用监管部门的认可权限，防止过度的竞争，以及为金融机构全体的存续和利益提供保证。
② 现先取引：在债券交易时预先约定一定期间后，以一定价格回购或逆回购（卖出）的交易。实质上是数日至数月的短期资金交易。

1984年，随着外汇市场刚性需求原则①的废止，外汇交易的自由度增加，企业开始着力于以发行日元对冲型外债来筹措资金的新方法。特别是在高股价的背景下，利用可转换公司债券和附认股权证公司债券等实质上零成本（根据情况，可能是负成本）的资金筹措方法，在日本企业中大受欢迎。伦敦、瑞士等欧洲市场，天天都有日本企业发行债券。

乘着泡沫的势头，企业的留存收益增加，通过发行新股进行资金的筹措等，都使其持有大量的流动资金。20世纪80年代，日本企业一口气加速了"脱离银行"的步伐。银行的经营不得不转向扩大海外市场、证券交易和不动产关联融资等方向。

但是，海外市场的业务扩大和与证券公司同台竞争的国债交易，是市场知识和市场经验发挥作用的战场，这对于一直严守规矩的邦银来说是不擅长的领域。

大型邦银虽然在外汇交易中勉强积攒了一些市场业务的技巧，但把这些技巧应用到其他业务领域所需要的经营能力和人才都是明显不足的。投资或收购海外投资银行却拿不出好的成果，有价证券交易也没办法与证券公司竞争，银行只能在自己的专业领域"融资"里面寻找希望。不动产价格的上升，对于银行来说虽然未曾期待过，但却是唯一的救世主。

不动产本来应该是由市场供需和经济动向来决定其价格的。融资时判断的担保价值应该是依据这个不动产今后可以带来多少收益来推测的。但是，纵观同股价一样不断上涨的不动产市场，银行经营的管理意识中"不

---

① 刚性需求原则：外汇交易限于贸易结算和证券投资等刚性需求的原则。1984年该原则被废除后，外汇交易可以自由地进行。

动产价值下跌的风险"彻底不见了踪影。银行被埋在不良债权的大山之下,有人说这是时运不济没赶上好时代,其实更应该说是欠缺市场意识的必然结果。

5. 邦银的市场业务

那么当时邦银的市场业务具体有哪些呢?关联最深的就是前面讲到的外汇业务。在24小时不断变化的浮动利率制度中预测利率的动向,向顾客提供有利的利率信息的同时,进行外汇的买卖。正确把握自身位置,进行适当的风险管理。邦银在全世界的各个分支机构都要进行这些业务,严格的训练和积累高度的技巧是必需的。

银行有着得天独厚的收入来源,将美元和日元的兑换差价设为2日元,只要召集顾客买入或卖出美元就可以自动获取收益。但与银行的其他业务明显不同的是,外汇业务的成果和评价是与"市场"直接相关联的。

另外一个业务就是日本国债。继1983年解禁了国债窗口销售以后,1984年又增加了公债交易的新业务,这使得此前一经买入就只能持有到满期的国债等公债,可以根据行情进行买卖,或者转手给机构投资者。

对于银行来说,通过涉足曾被证券公司占有的国债交易并将其转化成新的收入来源,目的在于使其在金融自由化的背景之中能够尽早强化经营基础。刚好这个时候,为了应对日元升值引发的萧条,日本银行采取了宽松的货币政策。在利率走低的顺风中,新业务带来的收益不断扩大。1985

年开始的债券期货交易,也为销售收益的增加做出了很大的贡献。

话虽如此,1987年的Tateho冲击和1990年海湾战争时期,长期利率的急速上涨带来了国债交易必然亏损的情况。与可以随机应变的外汇交易不同,国债交易有着利率不走低便难以盈利的基本结构问题。

20世纪90年代以后,得益于幸运的外部环境——长期持续的低利率局面,除去暂时的例外情况,债券业务成长为银行的大型收益部门。碍于禁止银行和证券公司混业经营的"银证分离"①问题,将与顾客进行交易的部门独立为证券子公司,使得自营交易业务在后来也成为银行主营业务纯利益的来源之一。②

在银行内部,事实上存在一部分人批判这种市场业务为"赌博性质的业务"。因为从传统的融资业务角度来看,买卖有价证券获取收益的做法很难说成是银行的正常业务。同股价的泡沫一样,持续低利率的国债也是泡沫的观点开始被指出来。融资部门也同样需要"市场感觉"的时代已经到来了。

按照从前的惯例,在贷款期间银行贷款的债权者是银行。20世纪80年代后期的美国诞生了贷款债权的买卖市场,贷款债权变得像公司债券一样可以在证券流通市场上买卖了。这是经历了严重的不良债权处理之后,美国的银行业为了降低集中风险和处理低收益贷款而创造出来的市场。

---

① 银证分离:依照1933年美国制定的《格拉斯-斯蒂格尔法案》,由《证券交易法》第65条规定,禁止银行业务和证券业务混业经营。目的是防止利益冲突和维持银行的健全性。
② 这里指银行向证券子公司提供融资获取的收益。

但是以银行业务为主流的邦银，难以接受买卖贷款债权的想法。在贷款应该有与公司债券同样的收益率的概念还没有形成的时候，以不动产神话为基础的贷款数额就增加起来。结果，泡沫经济破裂后邦银被不良债权的大山所埋没，而当邦银开始理解融资业务也需要市场原理的时候，为时已晚。

6. 海外业务中"市场感觉"的欠缺

前面已经叙述过，邦银在泡沫经济时期一齐进军海外，在开始处理不良债权后又如退潮的海水一样从海外撤退。但是今后国内商业机会饱和，邦银再次踏足海外的时代或许就要来了。让我们再深挖一下邦银海外发展的经过。

日本金融机构向海外的发展，以1881年横滨正金银行在伦敦设立分店为开端，而真正展开海外业务则是在战后复兴期以后。作为横滨正金银行的后继者，首先是外汇专门银行的东京银行和大型都市银行，然后是日本兴业银行和日本长期信用银行等长期信用银行。

最初，邦银是跟随日本企业向海外发展的潮流，以在当地提供贷款或汇款等国内业务的延伸为主，渐渐在外汇交易和银团贷款等国际货币交易业务上，也成长到可以和欧美银行并肩而立的程度。

另外，1980年为了开展证券业务在欧洲设立的银行系当地法人，在和日本的证券企业和海外投资银行竞争的同时，积极地进行证券包销业务，在互换等金融衍生产品市场中开始崭露头角。

但是美国的大型银行渐渐恢复了经营力，20世纪80年代被称为"Money center bank"①的大型银行有13家，90年代锐减到3家，通过这种大胆重组恢复了竞争力。欧洲也吹过了一场金融重组的风潮，银行合并加速，严酷的生存竞争全面展开。

欧美的金融机构通过重组确保了雄厚的资金和充实的销售力，并以此展开新一轮攻势。邦银也积极在海外市场扩大融资机会，开始尝试涉足日系企业市场以外的当地企业市场。但是，想要打破与大型企业有着深厚联系的欧美银行的防线，绝不是一件容易的事。

而在证券业务方面，活跃的动力来自国内高收益背景下母银行的有形和无形的援助，包括乘着泡沫经济的势头急速增长的日元关联业务，高薪聘请外国经营者和自营商等，但这些要素都无法保证海外经营力的持久性。

20世纪90年代后期开始，随着国内不良债权问题的日益严重，来自本部的援助消失，银行系当地法人与欧美系持续商战的战斗力也逐渐消失了。银行的大型合并带来了海外的分行和当地法人的重组，这使很多优秀的人才相继离开。

作为当时邦银向海外金融相关公司出资或收购的例子，住友银行注资高盛，日本长期信用银行吞并格林尼治资本市场公司，富士银行收购海勒金融公司，第一劝业银行收购CIT（美国商业投资信托公司）等不胜枚举，

---

① Money center bank：指在世界主要的金融资本市场（纽约、芝加哥、伦敦、东京、巴黎等）中，从事银行业、证券业、保险业等综合金融服务的巨型银行。

但无论是哪一个案例都没有取得很大的成功。

回顾当时邦银的海外战略可以发现，无论是融资、外汇等资金业务，还是证券等新业务，经营的负责人一般都是日本人。在市场行情时时刻刻都在变动的国际金融界，让欠缺市场感觉的经营者指挥，势必会导致竞争力的低下。

邦银经营者市场感觉的欠缺，在国内和海外都成为其经营的致命伤。即使收购了海外的金融机构，也没办法深入到实质的经营层面，这种令人焦躁的局面始终无法打破。这也是遗留到21世纪的一个大课题，至今仍然困扰着邦银的经营者们。

☞ 第五章要点

日本的泡沫经济破裂：20世纪80年代不动产和股票的投资热加速，在空前的景气之后，1990年年初股价开始下跌，1991年以后地价开始下跌，景气急速倒退，银行被困于巨额不良债权处理的问题之中。

● 1989年年末的大纳会，股价创下了38 915.87日元的纪录。对于股价会上升到什么程度，日本国内已然失去了冷静。但是1990年后，开始了持续下跌。即使如此，对不动产市场的上升期待依旧继续，泡沫的余韵残留到了很久以后。

● 在股价上升的气氛蔓延、不动产神话形成的过程中，银行利用"特金"的股票投资增加收益，在主业中也扩大了不动产担保融资。

● 邦银在企业的贷款增加和金融自由化发展的环境下，以两个国际化（国债流通市场的扩大和国际商务的增加），摸索到了新的收益来源，迎来了20世纪80年代短暂的荣光时代。随着泡沫经济的增长，面向中小企业、非银行金融机构、不动产、建设、个人等的贷款额增加，也埋下了不良债权的种子。泡沫经济破裂后，邦银的财务状况严重恶化。

● 邦银在泡沫经济时期一齐进军海外，在不良债权处理开始的时候又如退潮一般撤退。虽然收购了外资系的金融机构，但由于邦银的经营者市场感觉欠缺，大多没能取得实质性的成功。海外战略至今仍然是邦银的一大难题。

解说专栏——不动产泡沫会再次发生吗

市场中流通的货币量增加的话,过多的货币便很容易流向股市和不动产市场。金融危机后实行的量化宽松政策,使得这样的行情偶尔出现在亚洲和欧洲的市场上。在日本,还要加上即将举办东京奥运会(1964)的协同效果,使得对不动产价格上升抱有期待的声音开始出现。偶尔也会看到,海外资金大量注入相对低价的日本不动产市场的报道。

确实,有很多人指出,同世界其他国家相比较,日本的不动产价格相对便宜。虽然如此,在对日本是否会再次发生不动产经济泡沫的看法上,更多的是比较慎重的观点。因为通过反省20世纪90年代,不动产价格的设定是以切合当前经济活动的非常合理的方法计算的。反过来说,或许过去20年低增长时代的感觉,从心理上抑制了不动产价格上升的动力。

第六章
英镑危机中突显的欧洲货币制度的漏洞

对冲基金的异军突起和欧洲货币制度的脆弱性

1990年　两德统一

1991年　芬兰马克大幅下调汇率

1992年　瑞典克朗退出欧洲汇率监管（ERM）

　　　　签署马斯特里赫特条约

　　　　英镑危机

　　　　英镑防守失败，英国退出欧洲汇率监管

　　　　意大利里拉也退出欧洲汇率监管

1993年　根据马斯特里赫特条约成立欧洲联盟（EU）

1994年　设立欧洲货币管理局（EMI）

1999年　欧元在欧盟各成员国范围内正式发行

1. 1992年9月17日 索罗斯为何瞄准了英镑

伦敦作为国际金融中心有着和纽约比肩的位置，如果只限于外汇交易的话，则是当之无愧的世界中心。而在1992年，伦敦市场受到了做空英镑的集中攻击。

主导抛售英镑的是乔治·索罗斯领导的对冲基金"量子基金"（后述）和追随量子基金的其他市场参与者。针对这次抛售英镑，以提高利率及买入英镑等介入手段誓死防守的是英国中央银行（英格兰银行）。

当时，"欧洲货币体系"（EMS：European Monetary System）规定了欧洲各货币间的波动幅度为2.25%（持续到1999年欧元开始使用前）。在这个制度下，参加国需要通过调整政策利率和外汇市场等介入手段保持外汇汇率的波动幅度在一定范围之内，保证欧洲汇率监管的正常运作。

乔治·索罗斯（1930—）：匈牙利出生的对冲基金经营者。1992年因做空英镑，打败英国中央银行而一举成名。

然而，英国中央银行的拼死介入并没能守住被对冲基金瞄准攻击的英镑，1992年9月15日英镑对德国马克的汇率突破下限。第二天，英国中央银行将基准利率由10%上调至12%，但这并没有能阻止英镑的继续下跌。作为非常措施，英国中央银行进一步上调基准利率到15%，即使如此，依然没能挡住抛售英镑的巨浪。

9月17日，英国宣布防守失败，退出欧洲汇率监管，将汇率制度转为浮动汇率制。至此，这一场让世界屏息注目的货币攻防战，以对冲基金的胜利告终。英国财政部和中央银行的"马其诺防线"被打破，英镑退出欧洲汇率监管转为浮动汇率制。同英国一样，货币持续下跌的意大利也发表声明退出欧洲汇率监管。

可以说，这是"脱离了经济基本面的汇率总是要被修正的"的市场观点得到证实，不符合经济实情的货币制度被打破的事件。而加速了这一市场运作的一个原因被认为是外汇期权。

外汇期权本来的目的是用于抑制外汇风险，拥有只用少量资金就可以进行大本金交易的杠杆结构。对冲基金制造"英镑危机"的时候，便是大量利用了买入马克卖出英镑的期权交易。

英国没能扛住这次卖出英镑的攻击。英国作为"基础货币国"的鼻祖，过去也曾经受过数次"英镑危机"，熟知维持高位英镑的困难程度。英国在承认失败后立即将基准汇率大幅下调，利用低位英镑开始了迈向恢复经济的道路。在这一点上，我们足以感受到英国的厉害之处。

1999年共同货币欧元诞生的时候，英国刻意没有参加这个欧洲最大型项目的历史事实也与此不无关系吧。因为如果被死板的制度束缚住，就要采取牺牲国内经济的政策。1992年的高利率政策就给国内产业带来很大的冲击。

保持浮动汇率制、财政政策和货币政策也不受束缚是理想的状况，这种想法支撑了当时"不使用欧元"的判断。21世纪欧元债务危机时，之前不使用欧元的判断理所当然地再一次受到了英国国内的高度称赞。

2. 欧洲货币体系的发展历程

这里，我们再来回顾一下欧洲货币体系的概要（图表6-1）。

1970	魏尔纳报告
1971	尼克松冲击
1972	联合浮动汇率制度开始
1979	欧洲货币体系（EMS）成立
	欧洲货币单位（ECU）建立
	欧洲汇率机制（ERM）导入
1990	英国参加ERM
	两德统一
1992	英国退出ERM
1993	马斯特里赫特条约生效
1994	欧洲货币管理局（欧洲中央银行的前身）设立
1999	导入欧元

图表6-1 欧洲货币体系的发展历程

欧洲早在20世纪20年代就有了共同货币意识的萌芽，而真正意识到稳定外汇汇率的必要性则是在第二次世界大战之后。

作为形成经济共同体的前置阶段，1951年成立了欧洲煤钢共同体，

1957年成立欧洲经济共同体和欧洲原子能共同体。之后,1970年发表了建设经济货币同盟计划的"魏尔纳报告"[①]。不过,这个计划受1971年尼克松冲击余波的影响,曾一度被束之高阁。

欧洲主要六国根据史密森协议将各自的货币波动幅度设定为上下2.25%,受此影响,加盟国也选择了同样的方式,控制汇率维持在上下2.25%的波动幅度内。这是被叫作"洞中之蛇"的联合浮动汇率制度。可以看出,美元的波动如同上下固定的隧道(洞),而欧洲各国间货币的波动则如同里面爬行的蛇一样(图表6-2)。

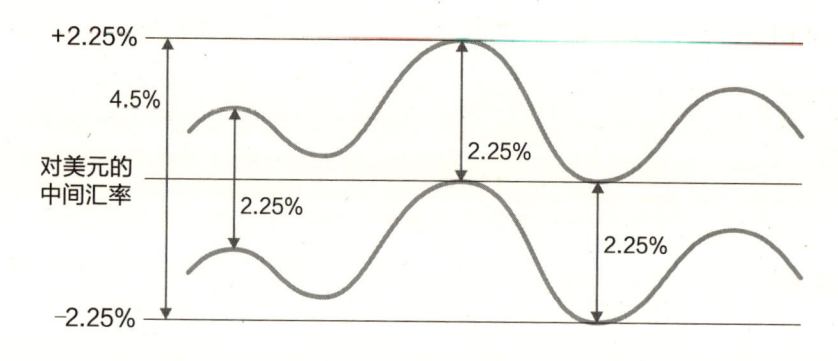

图表6-2 洞中之蛇

但是,随着1973年变为浮动汇率制度后,英镑对美元的振幅限制——"洞"也随之消失,欧洲汇率监管就只剩下了"蛇"。其实,石油危机等外在因素使各国经济状况恶化,给各国货币施加了各种压力,这个制度并没有能够被稳定运营。

本章的主角英镑,在1972年5月加入联合浮动制度后的第二个月就宣布

---

① 魏尔纳报告:1970年以卢森堡首相魏尔纳为主席的一个委员会提出的一份规划利用10年时间从固定汇率制发展为欧洲货币一体化的报告。该计划因尼克松冲击和石油冲击而搁浅。

退出。法国、丹麦、瑞典、意大利等国则是反复加入和退出。结果，西德马克成为欧洲最为稳定的货币，1977年依然采用该制度的国家只剩西德、比利时、荷兰、卢森堡、丹麦这五个国家了。

在如此不稳定的汇率波动下，开始了以西德和法国为中心的"魏尔纳报告"的再次讨论，于是有了1979年欧洲货币体系的诞生。该体系有两个要点：一是创设导入欧元前的货币组合——欧洲货币单位ECU（European Currency Unit）；二是规定两国货币汇率的波动幅度要控制在2.25%以内（只有意大利为6%以内）。

ECU是根据当时各国的GDP权重和对外贸易权重进行加权计算的"计算单位"，并非真正的货币。不过，20世纪80年代以后开始用于银行存款和资本市场，成为后来的导入欧元的序曲。

此外，在欧洲货币体系下设定的欧洲汇率监管，1983年以后带来了欧洲各国间汇率的稳定。当时陷入经济倒退的英国出于对稳定英镑效果的期待，才于1990年加入欧洲货币体系。

但是，欧洲汇率监管带来的稳定并没有持续很长时间。欧洲各国的经济实力的差距逐渐显现出来，特别是情况良好的西德经济和脆弱的英国、意大利经济之间的差距，呈现逐步扩大的倾向。

这个差距已经到了无法通过汇率监管的振幅来调节的水平。换句话说，英镑和里拉兑换马克的汇率有进一步下调的必要。对冲基金正是瞄准了这个弱点。

3. 威胁欧洲货币体系的德国统一

1992年秋，英镑和里拉被迫退出欧洲汇率监管的背景，除了两国固有的问题之外，还有两个动摇了欧洲货币体系的外部原因。

一个是围绕《马斯特里赫特条约》的法国公民投票，否决入欧的可能性使市场产生了不安。

1992年2月，欧洲各国签署了创设欧洲联盟的《马斯特里赫特条约》，各国批准手续的进展顺利。但是，丹麦进行公民投票的结果否决了批准手续，受此影响，市场对法国是不是也会否决入欧的担忧增强。最后，虽然法国以微弱的差距批准了该手续，但市场对欧洲联盟未来的不安却以货币动荡的形式展现出来。

另一个威胁欧洲货币体系稳定性的原因是1990年两德统一。统一的经济成本迫使德国采用了高利率政策。利率上升则带来了马克的走高，结果，同英镑和里拉之间的背离幅度越发扩大。

1990年10月，西德和东德的合并是与1871年"德意志统一"相比肩的德国历史大事件，对于世界来说也是冲击性的大事件。德国统一后重要的经济课题，是如何消除地区经济的差距。当时采用的是基于政治判断的货币制度——"东、西德马克兑换比率设为1∶1"。这个制度在产业竞争力上成为压迫原东德经济的主要原因。

在这种情况下，德国政府决定积极援助原东德，财政支出的增加和通货膨胀迫使德国政府不得不实行紧缩性货币政策。这诱导了马克兑美元汇率的走高，致使欧洲汇率监管出现紧张的状况。

前面说到，1983年以后欧洲汇率监管运作良好，欧洲各货币间的汇率趋于稳定。如果汇率风险很小，市场中利用外汇市场赚取收益的交易便会增加。比如说，卖出低利率马克买进高利率里拉的交易。用现代的话讲就是"利差交易"①。

如果汇率稳定，这就是一种通过借入低利率国家货币在高利率国家贷出的非常有利可图的交易。20世纪80年代的欧洲市场，这种交易十分流行。总之，低利率货币马克积蓄了相当数额的"空头头寸"。

两德统一后，紧缩性货币政策使状况完全改变。早已不是低利率货币的马克，迎来了一次回购的行情。大量的买入使得马克的汇率越涨越高，而因高利率处于高位水准的英镑、里拉、西班牙比塞塔等货币则开始被抛售。为此，西班牙将比塞塔汇率下调了5%才勉强守住欧洲汇率监管。

前面讲到，索罗斯率领的对冲基金"量子基金"仔细地观察了此番外汇市场的动向，将目标锁定为英镑。结果他们赚取了10亿美元以上的利润。那么，1992年突然引发世界关注的对冲基金，到底是什么呢？

---

① 利差交易：指利用借入低利率资金投资于高利率货币的方式赚取利润的交易。比如，借入日元投资澳大利亚元的投资被称为"日元利差交易"。

4. 异军突起的对冲基金是什么

对冲基金的"对冲"是"回避风险"的意思。1949年阿尔弗雷德·琼斯设立了世界上第一个对冲基金。1900年在澳大利亚出生的琼斯是一名社会学者，也是一名经济记者。

哈佛大学毕业后的琼斯曾就职于大使馆，而后他取得了哥伦比亚大学社会学博士学位，成为《财富》杂志的撰稿人。对股市抱有强烈的兴趣，造就了他独特的投资想法。琼斯以自己的4万美元与4名合伙人一同设立了10万美元的基金，第一年就斩获了17%的利润。

琼斯认为，正确预测股市的动向非常困难，传统的投资方法是有极限的。他强烈地认识到，投资所需要的是既可以承受市场波动又能确保利益的投资方法。

极智穷思的结果，他选择了这样的投资理念：

（1）借入贷款并利用资金杠杆。

（2）卖空处于高位的股票。

无论是哪一条在当时看来，都是风险很高的手法，明显不同于传统的长期持有型基金的风格。

即便如此，琼斯的新型投资手法的成功还是撩起了年轻的基金经营者对设立对冲基金的欲望。乔治·索罗斯就是其中之一。琼斯设立的世界首个对冲基金，在他去世后的今天依然健在。

如果给对冲基金一个严格定义的话，就是"将利用资金杠杆卖空高位品种作为基本战略"的资金。索罗斯的对冲基金利用外汇期权做空英镑便是沿袭了"资金杠杆和卖空"的路线。

20世纪90年代，在英国和美国已经设立了很多对冲基金。在股市和外汇市场，新兴国家和发达国家的国债市场、利率互换和利率期权等金融衍生产品市场中，对冲基金的存在感日益增强。

话题稍稍跳跃一下，泡沫经济破裂后的日本在20世纪90年代推行低利率政策的时候，对冲基金开始了卖出低利率日元买入高利率美元的利差交易。积累的头寸致使1998年外汇市场中美元兑换日元的汇率上升到1美元兑换147日元的程度。

可是，当时大量购买了俄罗斯国债的大型对冲基金LTCM（后述），受俄罗斯危机的冲击而濒于破产。受该事件影响，1998年9月美元兑换日元的市场动向突然出现反转。对冲基金一齐开始了买入日元卖出美元的操作，10月美元兑换日元便下跌到110日元的程度。在这个过程中，遭受巨额损失的对冲基金不在少数。这与两德统一时发生的买入马克卖出英镑事件是一样的情况，对冲基金染指其中的状况也十分相似。

对冲基金在这之后规模开始迅速扩大，慢慢地开始脱离了"资金杠杆和卖空"的基本方针，以进化版"资金杠杆"为基础、投机型的投资集团开始增多。虽说市场上还残留着传统的"卖空型"对冲基金，但最近经常以市场破坏者身份被报道的部分对冲基金，已经和琼斯型对冲基金有了相当大的差别。

5. 欧元孕育的"国际金融的三元悖论"

英镑和里拉退出欧洲汇率监管、西班牙大幅下调汇率并没能使欧洲动荡的外汇市场平静下来。与德国经济差距较大的西班牙、葡萄牙、爱尔兰等国家的货币，依然遭受了被抛售的冲击。

进入1993年后，针对西班牙比塞塔的抛售增加，受其影响，法国法郎也开始遭受投机性的攻击。这一轮攻势还波及丹麦克朗和比利时法郎，同年7月末，除了马克和荷兰盾之外的加盟国货币的上下波动幅度从原来的2.25%骤然扩大到15%。

这等同于宣告欧洲汇率监管已经失效。史密森协议以后，在欧洲各国之间共有的"固定汇率制"的基本想法看来是破灭了，但是对如何稳定汇率的摸索这个欧洲各国的夙愿，却并没有就此画上句号。

欧洲主要国家根据1993年生效的《马斯特里赫特条约》建立了"欧洲联盟"，1994年设立了欧洲货币管理局，后成为欧洲中央银行的前身，欧盟向着最终极的固定汇率制——导入共同货币的方向打了个满舵。

但是，持有最强货币的德国，对于共同货币的构想并没有那么热心。因为丢弃马克采用共同货币就意味着从"最强"落到"并排"。前面提到过魏玛共和国体验过的恶性通货膨胀，德国对可能再次引起通货膨胀的政策极度厌恶，绝不允许可能招致通货膨胀的货币贬值。在国家意识中充满了"货币理应强势"的观念。

而迫使德国采用共同货币的是法国。由于历史原因，法国对两德统一的态度是消极的，但只靠法国无法阻止时代的洪流。于是法国为了将德国限制在共同体内，提出了将导入共同货币作为支持两德统一的条件。

1999年导入的欧元，虽然被称作共同货币，但并没有满足共同货币的必要条件——财政政策统一，只是各国各自维持裁量权的不健全的货币制度。可以看出，这是一个在经济层面进行彻底讨论之前，在德国和法国之间的政治妥协下被强行推进的项目。欧元是一个政治性的货币，却不一定是具有经济合理性的货币，这一点在2009年的货币危机中得到了证明（后述）。

如同第一章里看到的一样，在国际金融世界里存在着"固定汇率制""独立自主的货币政策"和"资本的自由进出"三个政策不能同时成立的三元悖论。按照这个观点来看，欧洲共同货币的理想状态是各国将货币政策的判断委托于欧洲货币管理局的后继机构，即欧洲中央银行之后才首次得以实现。

换句话来说，促进资本自由进出的同时，欧洲各国中央银行奉行各自的货币政策并采用固定汇率制度是不可能实现的。对冲基金刺中的正是这个弱点，而以本国经济优先的英国为了维持货币政策的自主性，迅速脱离半固定形式的欧洲汇率监管也是理所当然的。

6. 被卷入欧洲货币危机的北欧

欧洲货币危机常常被认为只是西欧的问题，实际上北欧也被卷入其中。一般说到北欧各国，总会让人联想到高水平的受教育程度、健全的社会保障制度、强力的企业竞争力，以及轻微的财政赤字和经常项目赤字等，往往给人"最适合居住的地区"的印象。

这种印象确实没错，不过，20世纪90年代北欧所遭受的动摇国家运营的重大危机，却很少有人知晓。比如，瑞典在1992年就曾陷入不得不将政策利率上调至500%的苦境。

这种夸张的利率政策，是瑞典为了避免本国货币克朗跌破欧洲汇率监管所规定的波动幅度的下限而采取的措施。但是，瑞典也难逃同英国和意大利一样的命运，最终退出了欧洲汇率监管。

瑞典为了刺激经济增长采取了积极的财政政策，结果同日本一样，在20世纪80年代后期产生了不动产的泡沫，于1990年直面了泡沫破裂。瑞典大型银行也同日本的银行一样，陷入了不良债权处理的苦境。

处于严重经济倒退的瑞典，在欧洲货币危机袭来的时候也成为"攻击对象"，虽然采用了超高利率政策来防守克朗，但最终不得不转为浮动汇率制度。

邻国芬兰也面临着同样的苦境——经济泡沫破裂和金融危机。更雪上加霜的是，受苏联解体的影响，芬兰的出口锐减，使其在欧洲各国之中经济形势最为严峻。

芬兰虽然没有加入欧洲汇率监管，但其货币马克与欧元导入前的货币单位ECU以固定汇率挂钩。有观点认为，1991年因难以维持汇率水平，芬兰大幅下调芬兰马克汇率是招致第二年抛售英镑和里拉的原因。危机的前兆总是最先出现在最脆弱的场所，这是芬兰的例子告诉我们的道理。

但是这两个国家迅速重建了金融系统并成功扭转了经济形势，与犯了泡沫经济破裂后遗症、发展缓慢的日本形成了鲜明的对照。瑞典大胆进行了不良债权处理、改革养老保险制度、增加环境税等税制改革，大幅削减财政支出，这些被认为是经济迅速恢复的原因。虽然经济规模不同的北欧和日本不能直接拿来比较，但我们的表现确实让人汗颜。

☞ 第六章要点

英镑危机:1992年,乔治·索罗斯领导的量子基金大量卖空英镑,英镑汇率暴跌,英国中央银行拼死介入防守英镑却徒劳一场,最终失败并退出欧洲汇率监管。

● 欧洲在20世纪20年代就已经有了共同货币的意识,第二次世界大战之后,稳定汇率的必要性凸显出来。1979年欧洲货币体系诞生,为后来导入欧元做了铺垫。此外,市场期待欧洲汇率监管可以稳定各国之间汇率,但由于各国经济差距逐渐增加,欧洲汇率监管已经无法控制汇率的波动幅度,英镑作为该体制的弱点成为对冲基金的攻击对象。

● 威胁欧洲货币体系稳定的一个重要原因是1990年的两德统一。

● 1993年,欧洲主要国家依据《马斯特里赫特条约》成立了欧洲联盟,第二年设立欧洲货币管理局,向导入共同货币迈进了一步。1999年欧元导入。作为共同货币,欧元缺少欧盟各国统一财政政策的支持,不健全的货币结构使其至今仍存在诸多问题。

解说专栏——德国和日本

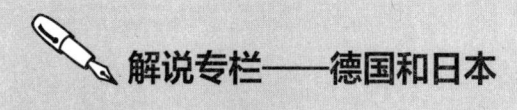

过去,人们对德国和日本有着"出口立国"的印象。现在日本的出口依存度已经下降到10%~20%,同依旧维持30%以上出口依存度的德国相比,经济结构的差异变得明显。货币价值下降(汇率下降)带来出口增加、经济势头好转的传统常识也渐渐不再适用。其背景是大批日本企业已经走向海外和传统的出口产业——电机产业的竞争力下降。

与此相对,出口总额是日本两倍以上的德国,导入共同货币欧元之后,开始获得低价货币带来的恩惠。德国出口的强势在于价格竞争力和欧洲范围内强大的销售力。此外,亚洲也曾有过共同货币的构想,但在政治对立不断的环境下统一货币显得困难重重。在后来欧元危机的教训里,也让人再一次认识到导入共同货币的困难程度。

第七章
宝洁等事故多发……
金融衍生产品的失败

金融工程学的暴走和雷曼危机的伏笔

1994年 2月 美国联邦储备委员会时隔5年上调利率

　　　　　　宝洁的金融衍生产品事故

　　　3—5月 美国联邦储备委员会再次上调利率

　　　10月 宝洁提起诉讼，要求信孚银行赔偿损失

　　　　　　（1996年和解）

　　　12月 加州橙县破产

1995年 荷兰国际集团收购巴林银行

1998年 德意志银行收购信孚银行

1. 1994年2月22日 宝洁的金融衍生产品事故是如何发生的

这一天，世界知名的纸尿裤和清洁剂等日用品制造公司——美国宝洁公司的财务负责人接到了一个电话，电话是从宝洁的交易银行——美国信孚银行打来的，内容是前一年（1993年）11月与其（信孚银行）进行的美元利率互换的消息。

信孚银行的负责人称，受1994年2月4日美国联邦储备委员会时隔5年将利率上调0.25%的影响，宝洁公司需要支付给信孚银行的利息将会大幅上涨。这意味着情况变得与宝洁公司交易之初的设想完全相反。

不只是宝洁公司，进入20世纪90年代以后，利用金融衍生产品降低有息负债的利息成本成了大型企业财务人员的工作之一。美国联邦储备委员会在1989年之后开始阶段性地下调政策利率，市场上形成了"在一段时间之内将会持续低利率"的认识。宝洁公司意图将当时约5亿美元的年负债成本缩小到1亿美元的程度。

当时，信孚银行在金融衍生产品领域有着全世界首屈一指的评价，受宝洁公司委托做成本削减的策划开发。1992年11月，二者缔结了名义金额2

亿美元的利率互换①交易。尔后，宝洁公司更改了互换交易中一半的条件，就利用持续低利率的环境创出利益的问题同信孚银行展开了交涉。

于是在1993年11月，二者以新的条件再次缔结了互换交易合同。新的条件是，在为期5年的互换交易中，宝洁按浮动利率支付利息给信孚银行，按固定利率从信孚银行获取利息。浮动利率在签约6个月后变动一次，下次的变动时间预定于1994年5月。

然而，2月22日打来的这个电话成了宝洁公司的噩梦宣言。计算宝洁需要支付的浮动利息所使用的基准利率——CP利率②将会上升约4.5%，这意味着追加成本超过4000万美元。可以想象，宝洁公司的财务负责人听到电话的内容后肯定会惊讶得说不出话来。

然而，噩梦并没有止步于此。时任美国联邦储备委员会主席格林斯潘在3月和4月接连两次上调利率0.25%，又在5月上调0.5%。宝洁公司需要支付的浮动利率的百分比超过两位数，利息额与利率互换契约时的预想相比，上涨了1.95亿美元，利率上调使宝洁公司不得不支付这部分追加成本。

宝洁公司于同年10月，以信孚银行没有充分说明风险为由，对其提起诉讼，要求赔偿损失。信孚银行则反驳宝洁有足够的能力预测政策利率的动向，计算追加成本的风险。结果，事件以信孚银行向宝洁公司支付7800万美元和解。

对于信孚银行来说，不只是和宝洁公司发生了这样的争端。同样是金

---

① 利率互换：是指同一种货币的不同利率类型在交易当事人之间的交换。最常见的是固定利率和浮动利率的交换，企业和金融机构为了回避利率风险经常进行利率互换。
② CP利率：企业为了筹措短期资金而发行的无担保商业票据（Commercial Paper）所使用的利率。为了保护投资者，票据发行时必须有信用评级机构进行信用评级。

融衍生产品导致的损失，贺卡公司巨头"吉布森贺卡公司"等3家企业也与信孚银行达成和解，信孚银行共计支付了9300万美元的和解金。

这些争端的处理，也反映了"向没有充分的风险管理能力的对象出售不当的产品是银行的责任"的社会舆论。后面会说到，在这些争端中，信孚银行存在重大过失，并没有回避责任的余地。

但是，对于沉浸在金融缓和温水中的企业财务来说，染指超出自己管理能力的高风险交易，其过失也是不可否认的。可以说，只把责任推给提供产品的银行一方导致的结果就是，形成了此后金融衍生产品事故不断的金融环境。

2. 使市场哑然的互换交易和银行的道德沦陷

那么，使宝洁公司蒙受巨额损失的利率互换到底是怎么一回事呢？概括地说，就是宝洁公司向信孚银行支付浮动利率的利息，并从信孚银行获取5.3%固定利率的利息。将获取的这5.3%的利息拿来支付现存债务的利息（图表7-1）。

也就是说，宝洁公司将从银行借入的5.3%固定利率的资金利用互换交易转为浮动利率。半年后调整的浮动利率是以30日期商业票据的单日平均利率减去0.75%，再加上一定的"利差"计算得来的。

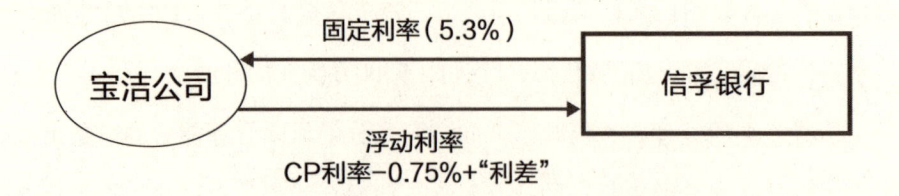

```
固定利率(5.3%)
宝洁公司  ←――――――――  信孚银行
          ――――――――→
          浮动利率
          CP利率-0.75%+"利差"
```

"利差"定义为{ }内右侧的公式和0之间较大的一方

$$利差 = MAX\left\{0, \frac{98.5 \times (A/5.78\%) - B}{100}\right\}$$

A=美国5年期CMT收益率，
（5年期CMT是指美国5年期固定期限国债），
B=美国30年期国债的价格。

图表7-1 宝洁公司利率互换的结构

1993年11月交易进行时的利差为零，于是，宝洁公司支付的浮动利率即为CP平均利率减去0.75%。如果一直是这个利率，宝洁可以大幅减轻利息负担。因此，宝洁也期待着下次更改利率时可以同样如此。对于这一桩交易，第二年5月利率更改后的"利差"，一直到满期之前均保持不变。

这个"利差"是以非常复杂的公式来计算的。简单来说，如果利率没有上升的话，就会和宝洁的预想一样，浮动汇率控制在较低水平；反之，利率开始上升的话，浮动利率就会上升而且没有任何阻止办法。

我们重新来看图表7-1。起初，利差为零是因为MAX括号内的后一项为负数。比如说，A为5%、B为102.50的话，后一项的结果就是-0.17，利差是0和-0.17中较大的一项，也就是0。

但是，利率上升时A变为6.5%，B下降为85的话，后一项则变为+0.26，利差也就变成26%。这个26%就意味着宝洁需要支付的浮动利率变为CP利率减去0.75%再加上26%，这是非常高的利率水平。

在利率上升的情况下，为了把损失降到最小，宝洁本可以中途解约，但是宝洁采取了通过诉讼挽回损失的方式，并没有及时解约。最终，宝洁蒙受了近2亿美元的损失。

在这个诉讼过程中，使信孚银行处于不利位置的是该行金融衍生产品部门员工之间的电话通信记录。在同其他企业进行金融衍生产品交易后，员工之间进行了下面这样的通话。

A："他们肯定不知道，在这桩交易中被拔了多少毛，那些家伙怎么可能会知道。"

B："那是绝对不会知道的啊。"

A："这就是信孚之美。"

这种傲慢和无责任感，还有道德的低劣被公之于众，信孚银行的信用瞬间荡然无存，失去了市场和客户的信赖。如今，这种企业风险被称为"商誉风险"。

宝洁公司也确实有不可推卸的责任。虽说公式比较复杂，但只要具有一定的财务知识便应该可以把握其中的潜在风险，即使如此，宝洁依然注重眼前利益缔结了交易。对于股东的经营责任也不能说完全没有。

然而，信孚银行的责任比这些更为严重。1996年同宝洁和解之后，企图以金融衍生产品业务为中心重建企业形象的信孚银行更换了经营层，但是失去的信用并没能够尽早挽回。1998年，信孚银行被德意志银行收购，名与实均从金融世界中消失了。

3. 变质了的金融衍生产品功能

互换和期权是20世纪80年代急速发展起来的金融衍生产品。利率互换被积极运用在削减企业的财务成本，外汇期权则被运用在减轻进出口的汇率风险。两者作为与刚性需求紧密联系的风险管理手段时，在运用过程中基本没有发生过大的事故。

"互换期权"是一种复合式的交易，也在实际业务中非常流行。这是一种在互换交易中，插入了对利率变动的判断，用以获得更有利的经济效果的高级交易。这种交易限定在专业人士之间进行，因此发展成事故的争端也非常少见。

但是，像宝洁公司这样采用了轻视风险管理的财务战略，抑或是在第四章中看到的，机构投资者贪图"提高收益"积极地开始利用金融衍生产品，都使得情形大变（图表7-2）。在日本，为了对抗低利率的运用环境，购入"日经平均联动债"（即利息和本金与股价指数联动的投机性商品）的机构投资者也开始增加。

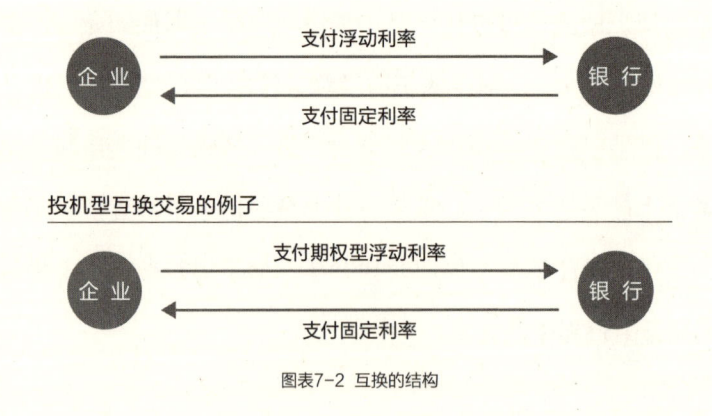

```
企业  ——支付浮动利率——→  银行
     ←——支付固定利率——
```

投机型互换交易的例子

```
企业  ——支付期权型浮动利率——→  银行
     ←——支付固定利率——
```

图表7-2 互换的结构

例如，10年期国债的收益率为2%的话，被迫以5%的传统型负债成本进行资金运用的养老保险或保险等的投资者们，就不得不购买利率更高的公司债或地方债，或是承担汇率风险购买外国国债。

但是，信用力高的发行体的债券很难有5%的收益率，汇率也可能会向日元走高的方向进行。在这种情况下，出现了承担股市等金融风险，并将这部分风险的对应溢价作为表面利率追加的金融衍生产品，也就是结构式债券[①]。

20世纪80年代后期，在泡沫经济的背景下，没有人不追随股价上涨的美梦。购买了日经平均联动债的机构投资者，在之后股价暴跌时损失了全部本金的事例并不少见。

这是机构投资者通过卖出事实上的日经平均指数的看跌期权，来增加眼前的利益的做法。卖出期权意味着需要承担非常高的风险。他们也和前面说到的宝洁公司一样，都是因为没有把握市场的行情而遭受了预料之外的损失。

另外，利用各国的利率差赚取利润的货币互换[②]也登场了。例如，支付低利率的日元购买5年期高利率的澳大利亚元的交易。这种交易，在澳大利亚元和日元的汇率稳定或上升时都可以获取利益。企业的财务以回避汇率风险为名，扑到了这种交易之上。

但是，高利率货币一般都有一定的理由使其处于高利率，比如防御

---

① 结构式债券：与互换或期权等金融衍生产品相结合，受市场变动影响息票和本金会大幅变化，拥有特殊的资金流特点的债券（亦称联动型债券）。
② 货币互换：在交易当事人之间进行，美元和日元等不同种类的货币之间利率和本金的交换交易。

通货膨胀、维持外资流入体制等。因为总是暴露在汇率波动风险之下,所以只是被市场抓住一次弱点就导致大幅下跌的案例也并不少见。这种情况下,几个百分点的利润很容易就荡然无存了。

期权和互换就这样偏离了原本的避险目的,变质成为投资者和企业的投机性道具。宝洁公司的案例,可以说是最甚的例子了。

4. 银行的诱因

对于宝洁公司和信孚银行的金融衍生产品事故,虽说双方均有责任,但不得不承认银行一方的责任更为重大。那么,对于这种不正当的交易,银行内部没能阻止的原因又是什么呢?

不仅是信孚银行,20世纪90年代银行股东对美国的银行开始施加"增加收益"的压力。机构投资者作为继续投资于银行的条件,要求经营者可以提供同其他业种一样或者更高的股本回报率。

股本回报率是表示运用股东的资本可以获取多少收益的数字,在当时的成长型产业将超过20%的股本回报率视为正常的风气中,养老保险基金等的股东开始要求金融业也要交出同等程度的成绩单。据说,当时美国的银行经营者最害怕的除了评级机构和竞争企业的收购战略,还有就是股东。甚至有经营者毫无顾忌地直言"股东比员工更为重要"。

与通过技术开发提高生产率的新兴企业不同,金融机构找到提高股本回报率的方法十分困难。商业银行除了扩大贷出额和增加存贷利差之外没有其他方法，而这些方法又是有极限的。如果说有可能的话，那就只有像投资银行一样，增加赚取手续费的业务。金融衍生产品也就顺理成章地成了最好的候选。

一般性的互换交易银行只能获取有限的收益，而期权交易不仅增加了复杂性，还使得"公允价值"（Fair Value）难以看清。于是，组织内力学的影响，使银行转向为向客户提供含有期权业务的方案。宝洁公司事件，也是信孚银行进行的一种复杂的期权交易。

这是一种只要顾客企业理解了风险、财务负责人承认的话，就可以获取很大收益的交易，所以银行内部不可能出现说"不"的反对声音。银行则在金融衍生产品交易的利益确定之后，一般会将和顾客交易发生的头寸对冲掉，这样可以不受之后市场变动的影响。也就是说，银行一直做庄家，承担风险的是顾客。

信孚银行的经营战略，丢弃了商业银行的招牌，专注于金融衍生产品，在这个领域赚取收益成了最重要的命题。这种可以称为背水一战的经营方式，孕生了利益至上的单一主义，轻视顾客等思想开始蔓延。

受信孚银行事件的影响，金融衍生产品的交易说明书中追加了关于风险的详细免责事项。此外，银行内部的监察部门不仅监视交易的合法性，伦理性也成为监视对象之一，在组织上成立了同经营直接相连的风险管理部门，强化了监视职能。比如，一次交易的收益过大，与从前相反，在银行内部也将会被视为问题。

然而，这种银行内部控制收益的方针在进入21世纪之后开始再次崩溃。这个大潮流变化的标志是1999年高盛首次公开招股，使其由创业以来的合作伙伴经营模式转为部分股权由外部股东持有的开放经营模式。

高盛选择上市的背景中，有通过市场强化集资能力，以及导入灵活的员工利益分配法等理由。前者反映出为了应对经营环境的变化，系统性投资和收购战略需要资金的状况，后者则是向非合作伙伴的员工提供股票期权等报酬制度，以刺激员工积极性为目的。

这意味着，以漂亮的销售和经营被誉为"华尔街的纯正血统"的高盛，和其他银行一样被要求提高股本回报率。在顾客的莫大信赖的背景下，垂涎投资银行首位宝座的高盛也不得不转为收益至上。

这已经足够可以改变金融界整体的风气了。后述的次贷危机问题的发生，也说明了一直被股东施加收益压力的金融界完全没有吸取信孚银行的教训。

5. 蔓延到世界的金融衍生产品事故

这里，我们回顾一下20世纪90年代。

金融衍生产品的问题，实际上不只是发生在信孚银行的客户身上。以迪士尼乐园和尼克松总统出生地而被人们所知晓的美国洛杉矶南部的橙县，在1994年12月发表声明称因投资失败造成约25亿美元的损失，引发市场一片哗然。

大约相当于橙县年预算7成的损失额，意味着作为加利福尼亚州第二大县的橙县只能选择破产。

橙县破产的原因主要有两个：一个是利用"回购协议"的资金杠杆进行资金筹措；另一个是投资了被称为"逆向浮动利率债券"的联动式债券。"回购协议"在第十章会详细地叙述，它是一种售出带有回购条件的债券来筹措资金的方法。橙县利用这种方法，筹措了投资本金2倍的贷款，企图利用自有资本以上的资金进行投资以获取更多的利润，盯住了这种"资金杠杆效果"来运用资产。

于是，这笔资金投到了收益率与利率反比例变化的联动式债券。通常的浮动利率债券（Floating rate note），几个月便要修正一次利率，如果政策利率呈下降趋势的话，赚取的利息就会减少。

橙县投资的是与此相反的"逆向浮动利率债券"。浮动利率设定为"10%减去3个月LIBOR"。结果，债券的利率由1994年2月的7%下降到10月份的3.9%。橙县也同宝洁公司一样没能把握市场变化，因政策利率上升而蒙受巨额的损失。

此外在新加坡，利用日经平均指数的期货和期权展开积极交易的英国巴林银行计提了13亿美元的损失。巴林银行的明星人物、27岁的尼克·里森一个人在金融衍生产品交易上的损失，就使得有着223年历史的商人银行[①]落下了帷幕。

里森想要把到1994年年末为止的隐性损失一次性挽回，在1995年阪神-淡路大地震之后赌了日经平均指数上升。购买期货的保证金不够，就一边期待行情稳定在预想的范围内，一边卖出看涨期权和看跌期权赚取溢价，

---

① 商人银行：在英国发展起来的金融机构。面向大客户，除了发行、承兑票据和证券之外，还提供存款、贷款、投资顾问、长期租赁、合并收购的中介等各种服务。现在基本都已被欧美大型金融机构所收购。

拿来填补不足的保证金,这种冒险的最终结果是损失额达到了无法掩盖的程度。

这个事件让全世界知道了,即使是大型金融机构,在金融衍生产品领域的内部管理体制也非常粗糙。里森累积的巨额损失远远超过了银行的自有资本,这个曾是英国王室御用供应商的名门巴林银行经营破产,最终以1英镑的屈辱价格被荷兰国际集团收购。当时,在住友商事的铜期货交易中也发现了同样的自营交易事件。

这些与金融衍生产品相关的事故和丑闻,可能听上去很像过去的故事,实际上今天也在世界各地发生着。在英国和日本,银行利用自身的优势地位,向中小企业销售其没有需要的金融衍生产品(英国主要为利率型、日本主要为汇率型),继而招致损失甚至导致破产的案例屡见不鲜(图表7-3)。

时期	公司名	国家	投资对象	损失额
1993年	德国金属公司	德国	原油期货	10亿美元
1994年	宝洁公司	美国	利率互换	2亿美元
	橙县	美国	联动式债券	25亿美元
1995年	大和银行纽约分店	日本	美国债期货	11亿美元
	巴林银行	英国	日经平均期权	13亿美元
1996年	住友商事	日本	铜期货	26亿美元
1998年	养乐多	日本	日经平均期权	1000亿日元
2011年	三菱日联证券	日本	利率期权	993亿日元
2012年	J.P.摩根	美国	CDS(信用违约互换)	62亿美元

图表7-3 主要的金融衍生产品损失案例

金融衍生产品作为重要风险管理手段的同时,也有着即使是金融专业人士也难以管理的特点。对于不熟悉金融市场的人们来说，它并不是一种易于利用的产品。

6. 规制还是培养

金融衍生产品总是带来事故的印象增强，对其进行规制的呼声自然就会增多。但是，严格的规制又有可能会剥夺金融衍生产品的有用性。这与为了防止交通事故只制造低速汽车的错误想法如出一辙，真正应该考虑的是司机的技术和道德观念。

比如，被称作"金融的稻米"的互换，没有互换的资本市场是无法想象的。根据国际清算银行的统计，2013年年底利率互换的名义本金已经达到了461万亿美元，约占店面交易金融衍生产品的65%。

为了预防店面交易发生事故，互换交易转移到指定的交易所进行，清算时也必须经由集中清算机构进行，这种做法在现代逐渐成为主流。但是，互换自身本是个别企业用于对冲财务风险，以店面交易为前提创造出来的金融衍生产品，将所有的交易都集中到交易所会导致交易形态成为固定模式，这显然无法满足实际需求。

而对于期权，只要抓住了其风险特点的本质，管理起来还是比较容易的。因为与期权的卖方负有无限大的风险相比，买方最大的风险就是损失权利金。所以，禁止较低风险管理能力的个人投资者和中小企业卖出期权的规制是符合道理的。

虽说如此，在利用期权工具时，由于企业和投资者的个别需求的差异，一视同仁地批准或禁止在实际操作上是很困难的。严密到细枝末节的规制又会缩小交易，反而会限制资本市场的发展。

最终，只有一种办法，即在一定规制下的实际运用中，金融衍生产品的提供者和客户企业（或投资者），提高各自的风险管理能力。

联想到核电站事故等的后果，否定高事故风险的金融衍生产品是很简单的事情。但是，金融衍生产品和核电站不同的地方在于，作为风险管理产品没有其他手段可以代替。

我们生活在资本市场主导市场经济的时代，首先要理解金融衍生产品的必要性，还要彻底调查过去的失败究竟是什么原因导致的，拟定防止再次发生的方案。从这个意义上说，20世纪90年代至今的案例研究，提供了非常重要的参考资料。

☞ 第七章要点

宝洁公司的金融衍生产品事故：宝洁公司欲降低有息负债成本而进行了美元的利率互换，但互换的支付额却因政府上调利率而急速上升。提供互换的信孚银行因为没有充分说明潜在风险而被起诉，被要求赔偿损失。在当时，类似的事故屡见不鲜。

●互换和期权等金融衍生产品，本是作为风险管理的手段，随着以获取收益为目的、积极利用金融衍生产品的情况开始泛滥，形势就发生了改变，出现了很多损失案例。

●银行内部没能阻止不正当交易的背景在于，20世纪90年代股东要求银行提高收益、增加股本回报率的压力增强。虽然强化了守规、风险管理和交易监督职能，但是进入21世纪的今天这种收益至上主义依然存在。

●虽然金融衍生产品的特点是容易引发事故，但过于严格的规制会使其失去有用性。可以替代其风险回避机能的产品还不存在。

第八章
亚洲金融危机引发
新兴国家又一次连环破产

新兴国家风险和美元依存体制的局限

1994年　墨西哥爆发金融危机，引发龙舌兰酒效应
1997年　5月　以抛售泰铢为开端的亚洲金融危机爆发
　　　　7月　泰铢暴跌，泰铢挂钩美元制转为浮动汇率制
　　　　　　　马来西亚转为浮动汇率制，林吉特暴跌
　　　　8月　泰国政府请求国际货币基金组织援助
　　　　　　　印度尼西亚转为浮动汇率制，印尼盾暴跌
　　　　10月　国际货币基金组织、世界银行等援助印度尼西亚
　　　　11月　韩国政府请求国际货币基金组织援助
1998年　7月　国际货币基金组织紧急援助俄罗斯
　　　　　　　俄罗斯宣布对外债务延期偿付，下调卢布汇率
　　　　9月　马来西亚实行资本规制，汇率固定化
　　　　11月　国际货币基金组织发表对巴西的一整套援助计划
1999年　巴西转为浮动汇率制

1. 1997年5月14日 抛售泰铢的背景是什么

20世纪90年代后期，世界金融市场被大缓和（Great Moderation）的乐观态度包围。最大限度地利用了这个市场氛围的是被世界银行称赞为"东亚奇迹"①的亚洲各国。它们普遍采用盯住美元的固定汇率制，防止本国货币同美元的汇率发生变动。在这样的汇率制度下，各国控制汇率风险的同时从海外借入低于国内利率的低息美元，构成了国内经济高速增长的动力。

这样的资本结构是否能够持久，对冲基金一直在目不转睛地盯着这一点。对冲基金得出的结论是"亚洲各国无法维持货币汇率"。而在目标列表中，排首位的是把汇率固定为1美元兑换26泰铢的泰国。

受到金融自由化的影响，泰国在1993年开设离岸金融市场，税法上的优待措施使短期资本更容易流入泰国。短期资本，也被称作"跑得快的资本"，主要流入房地产和股市之中。当时的外资流入额，一度达到GDP50%的程度。

---

① 东亚奇迹：1993年世界银行发表了《东亚奇迹：经济增长和公共政策（*East Asia Miracle: Economic Growth and Public Policy*）》的报告。通过分析1965年到1990年实现了经济高速增长的亚洲各国，得出结论：基础条件的提高是增长的主要原因。

当时，以泰国为首的亚洲各国企业将"美元的短期资本"拿来做"本地货币的长期投资"，也就酿成了货币（美元与当地货币）和时间（短期与长期）两方面的"双重失调"风险。

在这种情况下，美国的紧缩性货币政策使美元不断走高，泰铢的高位感也越发明显起来。受到中国企业进入国际市场的影响，泰国的经济增长率1996年前后开始下降，对外贸易也转为赤字。此时，对冲基金做出了判断："泰国一直维持当前货币汇率是不可能的。"

1997年5月14日，对冲基金突然开始抛售泰铢，泰国中央银行迅速介入应对，甚至出现了泰铢的利率被上调到3000%的荒唐一幕。一个多月后，抛售泰铢的影子不见了，第一次交锋结束。紧接着，掐算过下一次交锋时机的对冲基金开启了第二轮抛售泰铢的攻势，而此时泰国已经没有多少抵抗的能力了。

1997年7月2日，泰国政府宣布放弃"美元泰铢固定汇率制"，转为浮动汇率制，泰铢陷入了自由落体式的暴跌状态。7月月末1美元兑换32泰铢的汇率到了1998年1月已经跌到1美元兑换54泰铢。跟随外汇市场的步调，股价也开始暴跌，1998年泰国的股价指数下跌到1994年繁盛时期的12%，换句话讲，就是暴跌了近90%。

泰国政府于1997年8月请求国际货币基金组织援助，获得了近40亿美元的资金援助，此外，还接受了来自世界银行、亚洲开发银行、日本、中国、澳大利亚等国的援助，希望借此渡过难关。

但是，为了达到国际货币基金组织的要求：经常项目黑字、财政黑字、控制通货膨胀，泰国政府削减了政府支出，采用了紧缩性的货币政策，这些政策使泰国经济长期处于疲软状态，其中最受打击的是内需。1998年的实际GDP较前年下降10.5%，泰国陷入毁灭性的状况之中。

泰国货币和股价暴跌，以及内需的急剧缩小，成为新兴国家危机从亚洲扩大到世界的开始。

2. 马来西亚采取的独特对策

继泰国之后，下一个被"抛售货币"的是马来西亚。同泰国一样采用固定汇率制的马来西亚，在1997年8月宣布转为浮动汇率制，汇率由1美元兑换2.9林吉特暴跌至4.5林吉特附近，马来西亚股市也和泰国股市一样吃尽了大幅暴跌的苦头。

马来西亚和泰国最大的不同是应对危机采取的对策。以泰国为首，印度尼西亚和韩国等多是请求国际货币基金组织援助，与此相对，马来西亚对国际货币基金组织的内政干涉十分反感，拒绝接受援助。

市场对这种应对措施十分担忧，欧美各国对马哈蒂尔总理的批评声不绝于耳。即便如此，马哈蒂尔总理依然公开怒斥投机派"引发货币危机的是对冲基金"，在国际货币基金组织总会上与乔治·索罗斯展开论战、毫不让

马哈蒂尔·宾·穆罕默德（1925—）：马来西亚第七任总理。严厉批判资本市场的投机性交易，曾与乔治·索罗斯展开激烈的论战。

步，向世界展现了自力更生的决心和姿态。

但是，放弃国际货币基金组织援助引发了市场的担忧，加速了货币和股价的下跌。在被欧美社会和金融市场指责、信用评级机构下调信用评级、国内开始出现景气恶化和信用收缩的情况下，马哈蒂尔总理选择的是资本规制。

1998年9月马来西亚中央银行修订"外汇-资本管理制度"，实质上导入了资本规制，将汇率固定为1美元兑换3.8林吉特。针对国内的信用收缩，采取了金融缓和政策。固定了外汇汇率才使得金融缓和成为可能。

这种排斥外国投资者的动作，受到了市场的批判："把本国经济政策失败的责任推给投机派是逃避责任的做法。"原本马来西亚就实行对马来人优待的政策，对国际货币基金组织介入会破坏这种政策的反感，也的确是事实。

然而，市场经济成熟度不高的新兴国家在投机风波中保护本国经济的做法，并不一定会招致谴责。同大众的预测不同，马来西亚在1999年以后景气开始渐渐恢复。外汇汇率的下跌和稳定的环境，首先使电子产业和制造业的出口恢复了生气，金融缓和政策取得了成效。

当然，欧美的IT产业需求扩大和受国际货币基金组织援助的亚洲各国经济的恢复等有利外部环境对马来西亚的经济也产生了至关重要的影响。马来西亚在没有国际货币基金组织援助的情况下成功地重建经济，是资本管制和外部环境改善两者结合的结果，可以说包含了一定的幸运。

关于马哈蒂尔总理对对冲基金的指责，索罗斯一直主张"从来没有抛售过马来西亚林吉特"。新闻报道称，2006年二者会谈后和解，事件告一段落。然而，政府和投机资本之间的争执，在2011年以后的欧洲债务危机和2013年以后的新兴国家货币危机中还可以看到，时至今日一直在重复。

3. 亚洲各国的连锁反应

在泰国和马来西亚遭受抛售货币的攻击时，印度尼西亚还比较平稳。汇率处于1美元兑换2400印尼盾左右的水准，股市也没有特别的变化。这反映了良好的经济基本面。

然而，继泰国和马来西亚之后，1997年8月印度尼西亚转为浮动汇率制，市场状况大变。印度尼西亚企业大量的美元外债助长了对受汇率影响产生损失的担忧，市场上开始出现投机性抛售印尼盾的动作。

结果，次年年初印尼盾暴跌到1美元兑换10 000印尼盾的程度。此前借入美元换成印尼盾来做设备投资的企业为了偿还债务，不得不买入急速上涨的美元。这种狼狈买进，更加速了对印尼盾的抛售。

虽然印度尼西亚的外汇储备丰富，但还是决定向国际货币基金组织请求100亿美元的援助，同泰国一样，接受来自世界银行、亚洲开发银行、日本等的援助。不过，如同预料的一样，国际货币基金组织提出紧缩财政、经常项目黑字化、紧缩性货币政策、控制通货膨胀、金融改革等苛刻的条件，使印度尼西亚的经济迅速恶化。

在这个过程中，发生了苏哈托政府违背同国际货币基金组织的约定推进国内开发项目的事态，急剧的金融改革孕生了信用不安，燃料价格上涨引发通货膨胀率上升，最终，1998年5月事实上统治印度尼西亚30多年的苏哈托总统辞职。货币危机发展为经济危机，最终变成了政治危机。

1998年印度尼西亚的经济增长率较前年比下降13.1%，比泰国的10.5%更为严重。此外，1999年其他亚洲各国呈现V字回升趋势，而印尼的增长率只有0.8%，落后了非常大的距离。

苏哈托（1921—2008）：印度尼西亚第二任总统。后被卷入亚洲货币危机，因无法摆脱社会不安而辞职。

东南亚各国的货币危机还波及韩国。韩国也同样采取盯住美元的政策，拥有外资流入的经济结构，表面上经济虽然持续增长，但1997年1月随着韩宝钢铁和韩宝建设的破产开始逐渐显露出弱点，财阀系的经营不振使银行的不良债权问题浮出水面。7月，财阀系的起亚汽车破产。

在这样的背景下，10月穆迪公司和标准普尔等信用评级公司，相继降低了韩国的国家信用评级，席卷东南亚市场的危机传播到了韩国。

韩国的危机对日本的机构投资者也产生了强烈的冲击。出于对成功实现经济恢复的韩国的强烈期待，日本向韩国的银行、企业提供的投资和融资不断增加。但同年秋天，狼狈出手的投资者并不在少数。不只是美元，日元（资本）的撤资也对韩国经济造成了沉重的打击。

1美元兑换850韩元的汇率，到年末下跌到1700韩元附近，股市也发生暴跌。汇率干预使韩国的外汇储备急速减少，偿还对外债务的能力开始亮起黄灯的韩国政府，除了向国际货币基金组织请求援助之外没有其他办法。同年11月国际货币基金组织向韩国提供了当时史上最大规模的210亿美元的资金援助，世界银行、亚洲开发银行、日本、美国也提供了援助。

国际货币基金组织对韩国也同其他国家一样，要求其缩减财政开支、实行紧缩性货币政策、进行结构改革。其中最具特征的是要求韩国进行财阀改革。因为财阀企业的过度投资，以及支持他们的金融机构的过度融资是韩国经济最大的弱点。

1998年大规模金融重组之后，制铁、信息、重工业等大型国有企业民营化，次年财阀第二位的大宇集团资不抵债而破产，韩国经济陷入严重的危机之中。

金融危机同样袭击了菲律宾和中国香港，从抛售泰铢开始的多米诺效应将亚洲经济推入谷底。1998年的经济增长率，印度尼西亚是-13.1%，泰国是-10.5%，韩国是-6.7%，处处都是严重的景气后退。

但在这之后，亚洲各国上演了一出令人惊诧的复活剧。1999年，韩国实现10.9%的经济增长，马来西亚6.1%，泰国4.4%，慢了一拍的印度尼西亚也在2000年恢复了4.9%的增长率，亚洲经济实现了以出口为中心的、戏剧性的景气恢复。

4. 对国际货币基金组织的批判和美元体制问题

亚洲经济的V形恢复，虽然可以看作是国际货币基金组织猛烈治疗的效果，但对于接受援助的当事国来说却是难以接受的"处方"。没有接受国际货币基金组织援助而成功恢复经济的马来西亚的存在，更加加重了这种批判。

国际货币基金组织要求被援助国的一系列的严格政策被称为"华盛顿共识"①，因此而体验了企业破产、失业增加、金融不稳定等的各国，时至今日仍然对其进行着猛烈的批判。

学术界也有批判的声音，诺贝尔经济学奖得主斯蒂格利茨教授，就对华盛顿共识进行了猛烈的批判。

确实，不可否认资本系统不完善的新兴国家急速吸收外国资本会导致国内经济的不稳定。1997年以后的资本流出引起的混乱，需要长期稳健的应对方法。这样的指摘经常可以听到。

约瑟夫·尤金·斯蒂格利茨（1943—）：经济学家、哥伦比亚大学教授。获得2001年诺贝尔经济学奖。

在美国经济增长和外汇汇率的下跌的背景下，亚洲出口增长，濒临枯竭的外汇储备恢复，如果说这与国际货币基金组织开出的处方毫无关联也有一定的道理。

但也有观点认为，当时市场对国际货币基金组织的信赖感，也就是投资者对只要国际货币基金组织开出处方就可以实现经济重建的认识，支撑了对亚洲各国的期待。此外，紧缩性货币政策虽然会暂时打压内需，但也避免了因汇率暴跌而引起输入型通货膨胀。所以，说国际货币基金组织的要求百分之百错误也是非常极端的。

---

① 华盛顿共识：美国财政部、国际货币基金组织、世界银行等国际机构对有债务问题的国家推行的经济政策的总称。代表性的措施有削减财政赤字、放松管制、利率和贸易的自由化、国有企业民营化等。

这种"主权危机适用于哪种政策"的问题，至今没有明确的答案。2011年以希腊危机为开端的欧洲债务危机事件（后述）中也有同样的议论。

但是，不能忘记的是"为什么资本会急速地流入和流出"这个根本问题。这是以一国货币（即美元）作为国际性的外汇储备货币的金融结构矛盾造成的。

在第二章中我们看到，受美国的政策影响资本开始流回美国的现象，这一次的舞台换成亚洲，又再一次上演了同样的剧情。

事实上，在泰铢被攻击之前，1994年墨西哥便发生了被称为"龙舌兰酒冲击"的金融危机。摆脱累积债务问题重建经济的墨西哥，因总统候选人被暗杀、美国联邦储备委员会主席格林斯潘实行紧缩性货币政策的影响，资本流出已经开始。流出的资本基本都是美元。

确实墨西哥固有的政治问题引发了这次危机，但不能否定的是美国的货币政策变化加速了其资本流出。美元在美国以外的国家被用来发展经济之时显示出来的弱点，早在亚洲金融危机之前的墨西哥金融危机时就已经显露出来了。

5. 俄罗斯危机和对冲基金LTCM的破产

亚洲金融危机开始一年之后，面对景气后退苦恼不已的是俄罗斯。能源需求低迷使得天然资源价格低迷，这对靠石油和天然气出口维持财政的俄罗斯来说是非常严峻的。

市场也显示出对俄罗斯内政问题的担忧。1991年苏联解体之后，俄罗斯在总统叶利钦的领导下引入市场经济体制，但因为车臣战争、景气倒退等一系列问题使俄罗斯有了资本外流的征兆，卢布也遭受着巨大的贬值压力。

原油价格走低的情况一直持续，俄罗斯的财政资金开始枯竭，国际货币基金组织于1998年7月决定紧急援助俄罗斯。然而，俄罗斯政府和中央银行于次月宣布：停止偿还对外债务90天（延期偿债），将卢布对美元的汇率下调25%。

鲍里斯·叶利钦（1931—2007）：俄罗斯联邦第一任总统。苏联解体后着力于重建俄罗斯，但经济持续低迷，加上无法应对财政危机，于1999年突然宣布辞职。

俄罗斯国债事实上已经无法偿付，外汇市场也发生巨大的混乱。1美元兑换6.2卢布的汇率一下子就跌破20卢布。认为主权风险较小而投资了国债的机构投资者们，大多都蒙受了巨额的损失。

以高回报率著称、总是受到市场关注的大型对冲基金LTCM（Long Term Capital Management）所遭受的打击是最严重的（图表8-1）。LTCM是1994年由所罗门兄弟的前明星交易员约翰·梅韦瑟设立的基金，利用独自的数理模型判断各国国债的贵贱，使用资金杠杆做中立性的运用，成为时代的宠儿。

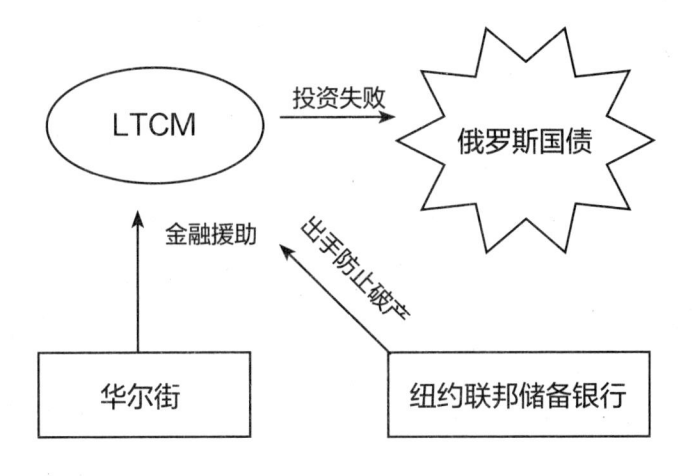

```
          投资失败
LTCM ─────────────→ 俄罗斯国债
  ↑             ↑
  │金融援助     │出手防止破产
  │             │
 华尔街      纽约联邦储备银行
```

同雷曼危机的相似性
·投资对象：俄罗斯国债→证券化商品
·经营危机：LTCM→贝尔斯登雷曼兄弟
·援助者：华尔街→摩根大通等

图表8-1 LTCM的危机和救助

LTCM的董事会成员包括诺贝尔经济学奖得主麦伦·休斯和罗伯特·默顿，被称为"梦之队"。成立后几年内就获得了名副其实的高达40%的年化收益率，多数的投资者都开始对LTCM出资。

结果，当初10亿美元的本金扩大到了60亿美元的规模，LTCM使用了约25倍的资金杠杆，使可运用资产一下子达到1000亿美元以上。

约翰·梅韦瑟以中立性运用为原则，进行"卖出美国国债，买进俄罗斯国债"，他认为俄罗斯国债便宜且不履行的可能性非常小。然而8月17日，这种市场观点让他如同落入了地狱一般。

LTCM的经营不济在世界金融市场上传播开来。在这种不安之中，股票等风险资产的资产价格大幅下跌。机构投资者们为了弥补这部分损失，套利了全部有利益的头寸。当时，外汇市场上大量进行的卖出日元买进美元的"利差交易"就是其中的一种。后来这种情况被反转，甚至出现美元兑换日元汇率从1∶130一下子跌到1∶110的情况。

如果LTCM真的破产的话，恐怕很多金融机构都要被牵连。因为大型银行不仅对其有出资，还在利率互换等金融衍生产品的交易上也与LTCM有着紧密的联系。

当时的纽约联邦储备银行总裁麦克唐纳，明知救助民间基金会引来批评，依旧向华尔街的主要金融机构申请制订对LTCM的援助计划。结果，被请求的15家金融机构中有14家向LTCM提供了合计36亿美元的融资，继续了交易关系，结束了这一次金融系统的震荡。

尔后的2008年3月，面临破产的贝尔斯登被摩根大通收购，相信在麦克唐纳的脑海中，一定闪过了10年前的那些事。

话说回来，这个被收购的贝尔斯登就是1998年当时没有接受纽约联邦储备银行请求的唯一一家金融机构。

6. 传播到巴西，危机绕了地球一圈

1994年的墨西哥、1997年以泰国为开端的亚洲、1998年的俄罗斯接连发生危机，市场开始左顾右盼。出现寻找"下一个会是哪里"的气氛也是可以理解的。不安的视线落在了经常项目赤字和财政赤字不断扩大的巴西身上。

巴西是在俄罗斯危机爆发之后出现资本外流的，1998年11月国际货币基金组织发表了一系列援助计划，采取了预防措施。可是，1999年1月巴西国内GDP排名第三的米纳斯吉拉斯州的州长宣布停止偿还联邦债务（国债），并表示无法偿付已经发行的欧元债，这一下子增强了投资者的疑虑，加速了资本的外流。

巴西货币雷亚尔受到了强烈的抛售压力，巴西中央银行仅仅通过扩大汇率的波动幅度已经无法维持汇率水平，被迫转为浮动汇率制。1美元兑换1.2雷亚尔的汇率到了3月已经下跌到2.2雷亚尔的程度了。

不过，这场危机在相对短的时间内就结束了，4月巴西便又开始发行外债，巴西危机并没有像担忧的那样传播到其他国家。这一场由墨西哥开始的、连绵不断的新兴国家危机，终于在巴西这里打上了终止符。巴西、国际货币基金组织和世界银行预见性地打出防止资本外流的对策，为应对危机做出了非常大的贡献。

震撼了20世纪90年代的"新兴国家危机"，从墨西哥开始绕了地球一圈回到了巴西。而在这个舞台上一直上演的，正是"美元资本"的狂想曲。

经历了一连串的危机，将本国货币盯准美元以引导资本流入的政策，显示出了它的局限，于是开始出现了利用欧元、日元等将资本货币多样化的一揽子货币构想的议论。然而，接受美元作为新兴国家发展经济所需资本的结构并没有实质的改变。目前还没有积攒足够的能量来改变金融市场利用美元的"惯性法则"。这也是进入21世纪之后，新兴国家危机不断发生的最大理由。

☞ **第八章要点**

亚洲金融危机：以1997年5月泰铢暴跌为契机，经济高速增长的亚洲新兴国家突然爆发的货币危机。危机波及了马来西亚、印度尼西亚、韩国、菲律宾、中国香港等国家和地区。除了与引导抛售货币的对冲基金抗衡、采用独自对策的马来西亚以外，其他国家和地区均接受了国际货币基金组织的援助。

●亚洲金融危机的背景是，把"美元的短期资本"拿来做"本地货币的长期投资"，酿成了货币（美元与当地货币）和时间（短期与长期）两方面的"双重失调"风险。

●被称为"华盛顿共识"的一系列政策，一方面让投资者因国际货币基金组织的积极援助姿态而维持期待感；另一方面引起失业增加、景气倒退，受到了以经济学家斯蒂格利茨为首的各界的猛烈批判。

●亚洲金融危机开始一年后，危机波及俄罗斯，大型对冲基金LTCM遭受牵连，大受打击，纽约联邦储备银行的麦克唐纳总裁发起援助。

●20世纪90年代的新兴国家危机，从墨西哥开始，经过以泰国为代表的亚洲，而后是俄罗斯、巴西，围绕地球一圈才暂且结束。

解说专栏——"班科"和特别提款权

第一章中曾经提到，英国大经济学家凯恩斯到1942年为止一直着力完善以班科为战后外汇储备货币的国际清算制度方案。它是一种代替英镑的超国家性基础货币，作为决定石油等商品价格的一揽子货币而构想出来的，但在美国以美元为储备货币的战略面前，没有能够得以实现。不过，凯恩斯想法的一部分，在1969年以国际货币基金组织导入特别提款权（SDR）的方式被实现。

特别提款权是为了补充国际货币基金组织成员国的外汇储备不足而创立的补充货币。它不是可以在市场上流通的货币，只是一种以美元、欧元和日元等货币构成的记账单位。虽然特别提款权与凯恩斯构想的储备货币班科不同，但作为经常收支的调整手段却有着相似的特点。2009年时任中国人民银行行长的周小川主张"将特别提款权作为储备货币"的观点曾让世界一时沸腾，但特别提款权的使用频度依然是非常之低，以美元为中心的国际金融体制暂时还会继续下去。

第九章
互联网泡沫破裂的疯狂骚动

"新经济"幻想和变样的金融机构

1996年 12月 美国联邦储备委员会主席格林斯潘指出股价过热
2000年 3月 席勒教授出版书籍《非理性繁荣》,股价达到顶点
2001年 9月 美国突然爆发九一一恐怖袭击事件
　　　　　12月 安然公司破产
2002年 1月 环球电讯破产
　　　　　7月 世通公司破产
　　　　　　　萨班斯·奥克斯利（SOX）法案成立
　　　　　10月 纳斯达克综合指数暴跌
2003年 4月 日本执行J-SOX法案强化规制
2004年 10月 株式会社国土爆出一系列丑闻
2005年 4月 佳丽宝爆出决算造假
2006年 1月 活力门爆出惊人丑闻

1. 2000年3月10日 互联网泡沫轻松破裂

说起"互联网",现在连小学生都知道,甚至都在使用,然而在20世纪80年代,它还只是一部分专业技术人员使用的术语。这个由美国国防部国防高等研究计划署开始的互联网研究逐渐发展为商用。20世纪90年代后期互联网的商业应用迅速扩大、企业中电脑大规模普及,与此相应的,个人电脑也得到普及。

以美国为中心,利用互联网进行"电子商务"的商业模式的期待感席卷了股市,提供这种服务和信息技术的企业在金融市场上受到追捧。

在投资者之间,还未等出现具体商机时,就掀起了一股对这些企业"买青苗"①的热潮,这就是"互联网泡沫"。对投资者来说,这些满是信息专业词语的事业计划书非常难懂,不理解就跟风投资的热潮是这个时期的特征。

这个被称作"dot-com泡沫(.com Bubble)"的金钱游戏,推动互联网相关新兴企业云集的纳斯达克股市综合指数一路飙升。没有盈利的企业股价也能暴涨,陷入经营困境的企业发表"进军互联网产业"的声明就能使

---

① 买青苗:日语"青田買い",原意是指农业上在稻米收获之前预估收获量提前购买,是期货的一种,引申为将筹码押在对未来有期待的事物上。

股价上涨，互联网泡沫逐渐深刻化。股价的急速上涨带动了创业热潮，以美国硅谷为中心，新兴企业如雨后春笋一般大量出现。

当时人们认为互联网的新型商业模式将会取代传统商业模式。这种对"新时代到来"的期待感，被称作"新经济"[①]期待论。牵引21世纪的信息技术类企业被称为"IT企业"，在市场上"IT热潮"被极力宣扬。

1996年徘徊在1000点左右的纳斯达克综合指数，在1998年7月突破2000点，1999年11月越过3000点关口，同年年底到达4000点，1999年的增长率飙升到约86%（图表9-1）。进入2000年之后，虽然上涨的势头依然强劲，但没有实体经济支撑，股价上涨无法持久是自然可以预料到的事情。

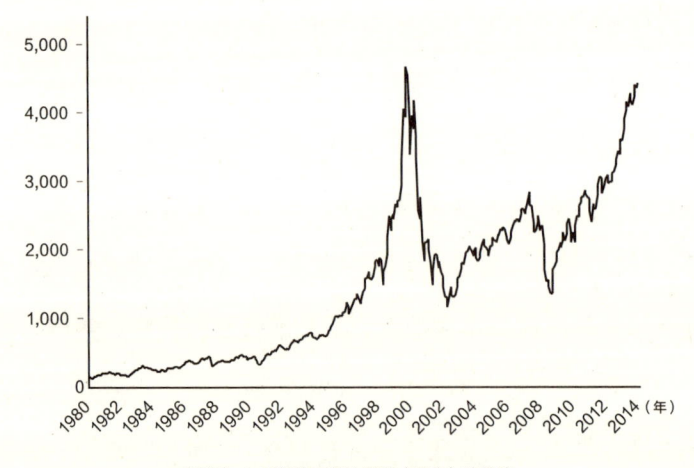

图表9-1 纳斯达克综合指数（月度）的推移

---

① 新经济：是指相对于以传统制造业为中心的"旧经济"，以互联网关联企业为中心的新经济体系。此外，随着IT技术的进步和全球化的发展，消除景气循环、实现安定增长、不出现通货膨胀的经济也被叫作"新经济"。

2000年3月10日纳斯达克综合指数触顶5048.62点之后，转为暴跌之势。2002年10月9日，一路暴跌到1114.14点，跌幅竟达78%。作为对比，2007年开始的曾震撼世界的金融危机发生时，2007年10月9日至2009年3月9日之间标准普尔500指数的跌幅也只有约57%。通过比较，不难想象当时纳斯达克综合指数的暴跌有多么惨烈。

以股价暴跌为契机，筹集了资金却没有实绩的创业公司纷纷破产，"IT泡沫"轻而易举地破灭了。刚好那个时候，美国联邦储备委员会为了警惕通货膨胀，在2000年2月将利率上调0.25%，转换为紧缩性的货币政策。在之后的3月和5月，美国联邦储备委员会又一再上调利率，IT泡沫经受了致命一击。

IT企业的经营持续不振，美国陷入景气倒退期，2001年9月11日多地同时发生恐怖袭击事件，个人消费低迷，就业恶化。之后，美国联邦储备委员会采取了积极的金融缓和与大型减税政策，美国经济景气开始恢复，但是纳斯达克综合指数的恢复却十分缓慢。虽然已经过去了十多年，但直到今天仍然没有达到5000点的水准。

2. 泡沫的信号——"非理性繁荣"

不只是聚集了IT企业的纳斯达克股市的综合指数，包含更多行业的道琼斯平均工业指数也出现了泡沫，1995年上涨势头开始增强，当年的增幅达到33.5%，第二年也有近30%的大幅上涨。当时的美国联邦储备委员会主席格林斯潘在1996年12月的演讲中，用"非理性繁荣（Irrational Exuberance）"来形容当时股市过热的状况，引起了市场的注意。

然而，美国的股价上涨并没有止步，道琼斯工业平均指数一路飙升，1997年22.6%，1998年16.1%，1999年涨幅达到25.2%。结果是在纳斯达克综合指数暴跌的2000年之后"非理性繁荣"才得以结束。

格林斯潘的发言，或许是美国联邦储备委员会在检讨货币政策之后，不能继续无视资产泡沫存在的信号。实际上，这个发言的内容也只是提到了"金融资产泡沫的破裂是否会威胁到实体经济稳定"的问题意识而已。"非理性繁荣"这个词语虽然经常用于股市，但这个讲话本身正如其题目"民主社会下的中央银行课题"一样，并非是在阐述股价和货币政策的关系。

虽然格林斯潘主席在1994年以后采用预防性的紧缩政策，但在股价开始显著上涨的1995年后却采取了宽松性政策。这之后也没有因特别注意股价而采取紧缩性政策，以致有批判性的观点认为这助长了互联网泡沫。

而从心底担心"非理性繁荣"的，是将这句话作为书名，在纳斯达克股市暴跌的2000年3月这个绝妙的时间点出版的股价警告书的作者——耶鲁大学的罗伯特·席勒教授。1994年3000美元的道琼斯工业平均指数，在1999年超过1万美元，这种市场暴涨的速度，对于席勒教授来说，正是"非理性繁荣"。

席勒教授的指摘尖锐地刺中了投资者心理的非理性。本来应该呈现不稳定波动的股价，因为种种结构原因被维持在高水平，想当然地认为股价会长期上涨的心理酿成了泡沫。这种观点在泡沫破裂之后谁都明白，但处在泡沫之中时却谁都没有意识到，市场的可怕之处由此可见一斑。

席勒教授因为创立了决定金融资产价格变动的基础理论而获得2013年诺贝尔经济学奖。他不仅开发了全美住宅市场的凯斯-席勒房价指数，同时还提出用于判断股价合理水平的"周期调整市盈率（CAPE Ratio）"。

CAPE（Cyclically Adjusted Price-Earning）是将一般常用的市盈率，考虑景气循环和通货膨胀率进行修正后的指数，定义为实际股价除以10年内的平均实际收益。现在广泛用于评价股价过高或者过低。

罗伯特·席勒（1946—）：经济学家，耶鲁大学教授。2013年获得诺贝尔经济学奖。因开发出美国代表性的住房指标标准普尔凯斯-席勒房价指数（S&P Case-Shiller房价指数）而被知晓。

席勒教授的《非理性繁荣》成为畅销书后，作为泡沫经济的信号被多次引用。可即使有这些警告，2006年美国依然发生了新的泡沫，住宅价格触顶之后紧随而来的是次贷危机和雷曼危机。这说明我们所生活的资本系统中存在着本质的结构问题，使得"非理性繁荣"反复上演、无法回避泡沫经济的发生和破裂。

3. 安然公司引领的企业破产大潮

现在风靡市场的亚马逊、雅虎和eBay等都是1995年成立的企业，在当时互联网泡沫旋涡中成立的新兴企业能够存活至今的案例，可以说非常稀少，特别是经历了2000年开始的在美国社会刮起的企业淘汰之风之后。

虽然不是IT企业，但2001年12月当时美国史上最大规模的能源企业安然公司经营破产，显露出华尔街在推崇缺乏实体的企业股价上表现出的软肋，以及安然公司将重要资料投进碎纸机这样的公认会计师的隐瞒体制，吸引了市场的注意。安然公司利用规制缓和时期的金融衍生产品，名义上实现了业绩的高速增长，而实质上只是利用虚构交易等进行的决算造假而已。

员工人数超过2万，销售额超过1000亿美元的大企业，沦落到有300亿美元负债而破产的境地，展现了美国企业的经营实态——"会计师造假，投资银行没有把握实态"的缺陷。

在安然公司刚刚破产之后，名为环球电讯的光纤大型企业就依据《美国破产法》第11条（Chapter 11）①申请破产。环球电讯是在1997年互联网泡沫时期成立的典型的新兴企业。

环球电讯涉足的是海底光缆的铺设事业，正是着眼于互联网利用的急速扩大。它通过导入最新技术，与传统企业相比以更低的成本实现了销售增长，一举获得了投资者的青睐。

但是，互联网泡沫破裂之后"dot-com企业"相继破产，对光纤的需求也急速下降。再加上其他公司的加入，环球电讯的业绩恶化，无法负担急速扩大的负债。破产时的负债总额达到了120亿美元，是当时第四大规模的大型破产案件。

环球电讯的破产，给持有IT股份的机构投资者很大的出手压力，加速

---

① 《美国破产法》第 11 条（Chapter 11）：在美国破产手续中，规定重组型破产处理内容的条目，债务者可以自行做成债务整理方案，相当于日本的《民事再生法》。

了纳斯达克综合指数的下跌。

最后，结束互联网泡沫的是2002年7月破产的世通公司。世通公司的前身企业于1983年成立，但作为实质性的"国际通信公司"成立则是在1994年，即在亚马逊和雅虎等公司创立的前一年。

世通公司经过数次并购成长为国际化的大企业，并购移动通信的斯普林特公司被美国司法局认定为违反竞争法，这成了挫折的源头。此外，世通公司与环球电讯一样，受互联网泡沫破裂的影响业绩迅速恶化。

在这个过程中，世通公司也开始染指做假账，将本应计为费用的交易计作资产等。结果，2002年7月世通公司也依据《美国破产法》第11条申请破产。

它的资产总额超过1000亿美元，负债总额也达到410亿美元，超过前面讲到的安然公司。它的破产是美国史上最大的企业破产案例，这一纪录直到2008年雷曼兄弟破产为止。

上面所提到的也只不过是21世纪开端发生的、美国企业连环破产的一小部分而已。互联网泡沫的破裂，可以说有过剩投资、过剩债务和过剩期待这"三个过剩"的主要原因，这种经营失败也有着满是做假账的恶臭味的企业集团性破产的一面。

这也让世界认识到，当时那些"美国式商业模式""美国式标准""美国式资本主义"等煞有介事的宣传，实质上只不过是空泛的概念而已。

4. 对以"国际标准"为准的日本经济的影响

对于苦于处理巨额不良债权的日本来说，美国"新经济"的繁荣是一种耀眼的存在。要想从20世纪80年代席卷世界的日本经济模式中蜕变，必须引进"国际标准"的观点成为共识，"美国式商业模式才是世界标准"的论点获得了人们的支持。

从商业手段开始，到银行经营、资本市场、组织运营、人事制度、经营指标、会计基准等，都积极引进美国模式，意图将低迷的日本经济"重置"的动向越加明显。日本政府也将IT化作为重要的战略积极推进，力图实现"后工业社会"。而站在这条道路的前方的是IT战略的先行者美国。

1999年小渊政府发表了"千年项目"计划，旨在面向21世纪，构筑"信息化、高龄化、环境对策"三大支柱产业。其中，针对因半导体事业而日渐失速的日本经济，将新的第二产业的通信产业和第三产业的信息服务业作为其次时代的牵引力，赢得了很大的期待。

原本在民间市场，1990年后期就出现了很多看重互联网商务的成长性和潜在性的企业，软银、雅虎日本、乐天、活力门等就是其代

小渕惠三（1937—2000）：第84任首相。在任期间因脑梗死去世。作为景气对策发行了巨额的赤字国债，曾自嘲式地说自己是"世界第一借款王"。

表。特别是软银，在本行业之外，1999年还与美国的纳斯达克集团对半出资成立"纳斯达克日本"，着力于资本市场的改革。

日本的通信–信息产业急速扩大是不争的事实，因此同样也发生了

互联网泡沫。公司的名称中带有电子学（Electronics）的"e"或是信息（information）的"i"就会使股价上涨，美国互联网泡沫破裂的海啸很快影响到日本。除了软银、乐天等一部分例外的情况，当时大多数的新兴企业没能实现梦想便破产了，这与美国的互联网泡沫破裂十分相似。

特别是随着手机和PHS[①]的普及，1988年成立的"光通信"迅速壮大，而后经历了股价的暴涨和暴跌，这也是日本互联网泡沫破裂的象征。光通信的股票是股市中具有代表性的投机品种，受经营实态不明了的影响，3个月之内股价由24万日元暴跌到8000日元，也给其他IT企业的股价和经营带来了重大的影响。

日经平均指数也因IT企业动荡不安。1999年年初13 000日元的日经平均指数，乘着互联网泡沫之风到2000年4月上涨到21 000日元。然而，随着IT企业股票相继下跌日经平均指数也开始失速，2000年年末已经前功尽弃，跌回13 000日元，2001年9月更是跌破10 000日元关口。

在互联网泡沫的形成和破裂的背景中，证券公司等金融业界起了诱导投资者过剩期待的作用，同样的事情也发生在美国。从结局来看，日本想要引进的"国际标准"毕竟只是"美国标准"而已，互联网风潮、泡沫的形成和破裂本就是这个系统所附带的经济现象罢了。

---

① PHS：Personal Handy-phone System，被称为无线市话，俗称"小灵通"。

5. 萨班斯–奥克斯利法案和活力门冲击

前面已经说过，2001年之后互联网泡沫破裂的同时，美国大型企业的破产招致了对企业财务的不信任。安然公司被发现做假账之时，作为会计监察人的安达信会计师事务所被曝出有销毁安然公司相关的内部资料的嫌疑，最终引发当时世界第五大会计师事务所安达信被迫解体。

安达信会计师事务所因销毁监察资料的嫌疑被地方法院判决有罪，虽然2005年联邦最高法院驳回了原判，但是在2002年，安达信就已经失去了顾客的信赖，即使胜诉也无法逃脱解体的命运了。

此外，世通公司的大型破产案也是由做假账被发现开始的，提高企业会计和财务诸表的信赖性是美国的当务之急。在这种背景下，2002年7月美国成立了名为上市公司会计改革和投资者保护法案的企业改革法。这个法案又被称作萨班斯–奥克斯利法案（SOX法案），以提出法案的议员的名字命名。

该法案是以保护投资者为目的，规定上市公司有强化治理义务，从监察的独立性、公开财务信息、内部控制、说明责任等大范围规定了企业经营者的责任，还规定了保护内部告发者的条款。

其中较大的改革点是，企业经营者必须署名确认年度报告中没有虚假或漏记，必须提交评判内部控制有效性的报告等。内部控制是指在业务执行的过程中，需要强化管理体制以防发生不正当或过失行为。

与美国的这些动作相呼应，日本也需要充实内部控制，2003年4月内阁府下令，有价证券报告须附加代表者出具的正当性证明，在2006年6月《证券交易法》彻底修订后的《金融商品交易法》中，规定了上市公司有义务提交内部控制报告。这一系列的规制强化被称为"J-SOX法案"。

其实在日本，像美国企业的那种不正当行为也并不在少数。

2004年10月西武铁道的大股东有价证券报告书造假和内线交易、佳丽宝的巨额的决算造假等被发现。而作为IT企业的佼佼者急速成长起来的活力门公司，则被发现用了同安然公司一样的手段，利用投资事业组合进行决算造假。

以2003年向里索那银行注入超巨额官方资金为契机，日本经济开始出现再生的征兆、新兴企业成长的故事正要开始口口相传之时，这些事件给刚刚高涨起来的对日本新兴企业的期待泼了一盆冷水。

市场将活力门公司事件称为"活力门冲击"，特别是其上市的东证创业板市场（东京证券交易所Mothers市场）的股价指数，因此进入了长期低迷。活力门冲击不仅使错过了收益机会的投资者蒙受损失，还让全体国民的期待感遭受打击。这种挫折感和闭塞感也是之后日本经济通货紧缩意识加强的一个间接原因。

6. 商业银行和投资银行的趋同

互联网泡沫破裂的美国还上演了另外一出新的金融剧。其舞台自然是华尔街，而主角则是大型商业银行和投资银行。

商业银行没有选择传统的融资扩大路线，而是将未来托付于投资银行的商务。另一方面，投资银行认为需要增强其在并购等业务领域的优势，需要有与商业银行同样的融资能力。换句话说，商业银行和投资银行急速趋同化（图表9-2）。

	商业银行	投资银行
主要顾客	个人、法人、政府等	法人、政府等
资金筹措手段	存款	市场募集
主要收益来源	住宅贷款 企业融资 债券运用	承销证券 金融商品的交易 并购中介 资产运用业

图表9-2 商业银行和投资银行业务的不同

让二者的业务分离的是1993年制定的格拉斯-斯蒂格尔法案[①]，这部法律在1999年因格雷姆·里奇·比利雷法案[②]的通过，事实上被废除，禁止银行的持股公司拥有其他金融机构的条款被废除。

这是在1998年商业银行的持股公司花旗银行宣布与保险公司旅行者集团合并，事后以将其合法化为目而进行的法案修正。旅行者集团的下属证券公司有所罗门史密斯巴尼公司，合并后的花旗集团，在银行、证券、保险等复数的金融业务领域展开业务成为可能。

就这样，一直盼望有投资银行副业的商业银行加速展开了攻势。花旗银行的竞争对手大通曼哈顿银行收购了英国老牌商人银行罗伯特·富林

---

① 格拉斯-斯蒂格尔法案：1933年制定，规定商业银行业和投资银行业分离的美国银行法。使用提案者——上下两院议员的名字命名。
② 格雷姆·里奇·比利雷法案：1999年制定的金融服务现代化法，废除了格拉斯-斯蒂格尔法案所规定的业务分离等。使用作者三人的名字称呼法案。

明，还自行出资并购了投资银行业务急速扩大的J.P.摩根，实现了商业银行与投资银行的统合，成为名副其实的世界最大的金融机构。

握有融资和有价证券双方市场主导权的大型美国银行，意图将新的"信用风险"开拓为生意。背景在于，为了提高自有资本比例需要极力抑制自身保有的资产，以及来自股东的要求等。

在这个过程中，信用衍生产品[①]和证券化商品等成为新的"收益来源"。

前者是将20世纪80年代开发的金融衍生产品扩大为以公司债和贷款作为原资产进行交易的交易，具有代表性的是被称为CDS[②]的商品。它可以减轻大型银行自身的资产负债表负担，还可以降低信用风险的集中度。

后者的证券化商品，一方面使事业法人可以将应收账款或不动产等资产计为表外项目，有着确保财务灵活性的效果；另一方面，作为向保险公司和基金等机构投资者提供新的资产种类的崭新商务，开始发展起来。

无论哪一个都是可以作为拉开新经济时代序幕的业务，在金融缓和的时代背景下，这种毫无防备的业务扩大直接酿成了新的泡沫。互联网泡沫破裂之后到来的是不动产泡沫，震撼美国乃至世界的惨剧，在当时的时间点上是谁都不曾料到的。

---

① 信用衍生产品：又称信用衍生工具，是将贷款债权或公司债的信用风险，以通过支付商定的风险溢价的方式进行转移的金融衍生产品。大多在想要回避风险的金融机构和想要冒险的投资者或投机派之间进行。

② CDS（信用违约互换）：信用衍生产品的一种，对于公司债、国债或贷款债权等信用风险有保险的作用，是期权形式的交易。

☞ **第九章要点**

互联网泡沫：利用IT企业将会革新传统型商务，"新经济"将要实现的市场氛围，使IT企业的成长备受期待，导致投资过热。1999年美国纳斯达克综合指数的年增长率达到86%，2000年3月触顶，2001年互联网泡沫破裂，到2002年10月从最高值下跌约78%。

●没有做出成绩却四处筹款的创业公司相继破产，安然公司、环球电讯、世通公司等大型破产案例也接连不断。对企业财务的不信任感增加，为了提高企业会计和财务诸表的透明性，2002年导入SOX法案。

●积极导入美国模式的日本，也发生了同美国相似的互联网泡沫破裂。这让世界认识到，当时被视若珍宝的"美国标准"只不过是空洞的概念罢了。

●新经济蔓延的过程中，商业银行没有着重于传统的融资业务，而是积极扩大投资银行业务，扩大信用衍生产品和证券化商品业务，创造了孕育新的泡沫经济的土壤。

第十章
引发雷曼危机的"游戏"

美国金融模式的崩坏

2007年 8月 法巴银行冲击
2008年 5月 J.P.摩根收购贝尔斯登
　　　　 7月 房利美等政府援助机构国有化
　　　　 9月 雷曼兄弟破产
　　　　10月 美国联邦储备委员会主席格林斯潘
　　　　　　 在国会上就应对危机发表证言
2009年 1月 美国银行收购美林证券
2010年 7月 美国制定金融规制改革法案

1. 2007年8月9日 百年一遇的危机是如何开始的

互联网泡沫破裂之后，美国联邦储备委员会不得不采用金融缓和政策来刺激美国经济。2000年时美国GDP增长率达到4%，2001年却只有不到1%，加上恐怖袭击等恶性事件，2002年也只有不到2%的增长率，经济增长放缓是金融缓和政策出台的主要原因。

在金融缓和的基调之下，美国出现了新的"资产泡沫"。这次的主角是房地产市场。一直以来，美国政府对国民"购房"都给予一定的奖励。无论是民主党的克林顿总统还是共和党的小布什总统，在"增加购房"上态度是一致的，购入房产成了美国梦的一种实现方式。

特别是小布什总统，为了实现"所有权社会"，鼓励少数族裔和低收入者购入房产，这与美国联邦储备委员会的缓和政策相互呼应。于是，面向低信用力人群的房产融资，即"次级贷款"开始成为华尔街金融机构的收益来源，在这其

乔治·W.布什（1946—）：第43任美国总统，是第41任美国总统乔治·H.W.布什（右）的长子。在第二任期结束之际发生了雷曼危机，美国经济增长突然失速，在支持率低迷的情况下卸任。

中起了很大作用的是证券市场（图表10-1）。

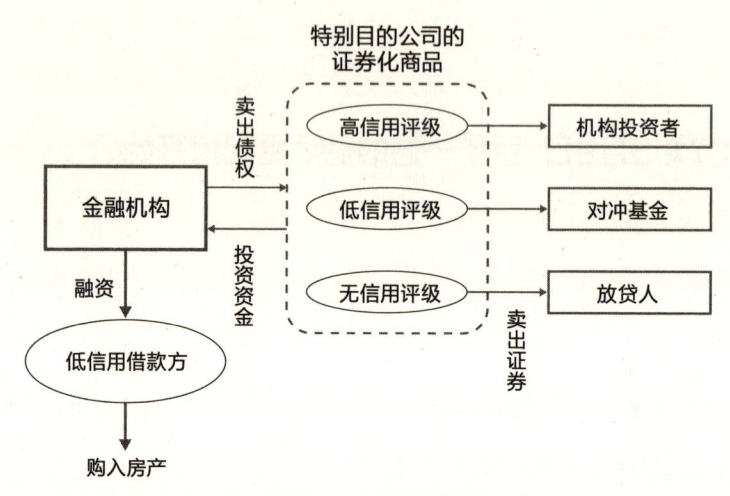

图表10-1 次级贷款的证券化

美国各金融机构持有的次级贷款，集结到被称为特别目的公司的中转商，根据信用评级被"加工"为证券化商品。高风险证券负担一定额度的损失，在这种原则下，创造出本金和利息高安全性的证券。

如此产生的AAA和Aaa级等最高信用评级债券，吸引了全世界的投资者，在美国以外特别是欧洲市场，十分畅销，因为当时欧洲缺乏类似的商品。金融机构特别是银行，不仅将其作为自身的投资组合，还积极推动下属基金投资次级贷款的证券化商品。

事情出现转变是在2006年。房产价格上涨的速度变缓，6月份前后已经有价格触顶的征兆。但是，市场上"房产神话"依旧深入人心，在这个时间点上对价格下跌的警惕感还很淡漠。

进入2007年，市场的状况开始发生变化，1997年之后的10年里美国的住房价格指数上升了124%，在市场过热的指责声中，住房价格开始了下跌。

另一方面，2003年6月美国联邦储备委员会将政策利率下调1.0%之后，2004年6月开始逐步实行紧缩性政策，2006年6月利率水平回到了5.25%。低收入群体和以浮动利率贷款的群体支付利息出现障碍，而这迅速成为证券化市场的不安定因素。

与房产市场状况恶化的步调相一致，证券化市场的警惕感增强，流通市场内交易停止，失去了流动性的证券价格变得不再透明。不知道合理价格的话，投资这些商品的基金便无法计算每股资产净值（Net Asset Value）。于是，投资者们开始争先恐后地要尽早解约。

这些解约要求大量袭来，为了返还投资者的资金，不得不卖出这些资产。但是市场上没有市价，证券化商品想卖却卖不掉。于是，子公司积极投资证券化商品的法国巴黎银行，在2007年8月9日宣布："集团下属的三个基金不受理投资者的解约要求。"

这个突然的消息让金融界十分震惊。意识到事态严重的外汇市场发生了大混乱，股市也暴跌。基金总额虽然只是小规模的16亿欧元，但在市场心理恶化的情况下，和金额已经没有多少关系了。为了稳定市场，欧洲中央银行不得不立刻发表声明：提供948亿欧元的巨额资金供给。

正是这个"法巴冲击"，拉开了此后"百年一遇"（语出美国联邦储备委员会前主席格林斯潘）的金融危机的序幕。

2. 证券化商品的弱点

证券化的开端，可以追溯到1970年美国政府国民抵押贷款协会（通称"Ginnie Mae"）[①]发行的抵押担保证券（MBS）。这是一种基于房产贷款等不动产担保融资而发行的证券，较高的流动性、信用评级和回报率是其投资魅力所在。后来，民营化的联邦国民抵押贷款协会（通称"房利美"）[②]和联邦住房抵押贷款公司（通称"房地美"）[③]等也开始发行同样的证券化商品，形成了美国的住房金融支撑证券化市场不断扩大的结构。

证券化是一种"由间接金融向直接金融"的结构转换，由债权者将债权卖给特别目的公司，其他的投资者买入特别目的公司发行的债券（图表10-2）。银行将贷款债权证券化的时候，作为债权者的金融机构的资产负债表中就出现了富余，于是成为发放新贷款的诱因。一直以来只能投资国债和公司债的机构投资者们，开始投资这种披上了证券外衣的银行贷款商品，形成了新的资产类别。

---

① 政府国民抵押贷款协会（通称"Ginnie Mae"）：1968年联邦国民抵押贷款协会民营化的时候，分离出来的由政府全额出资设立的政府机构。提供抵押担保证券的本金和利息的支付保证服务。
② 联邦国民抵押贷款协会（房利美）：是以买入住房贷款债权和证券化为主要业务的金融机构。1938年为促进住房购买由美国政府设立，1968年实现民营化。在次级贷款问题发生之前，房利美发行的证券被看作是政府债券，其信用力仅次于美国国债。2008年金融危机之时由美国政府接管，事实上被国有化。
③ 联邦住房抵押贷款公司（房地美）：为了向房产市场提供稳定的资金供给，于1970年设立。与房利美的效能基本相同，但二者是竞争关系，2008年同样被国有化。

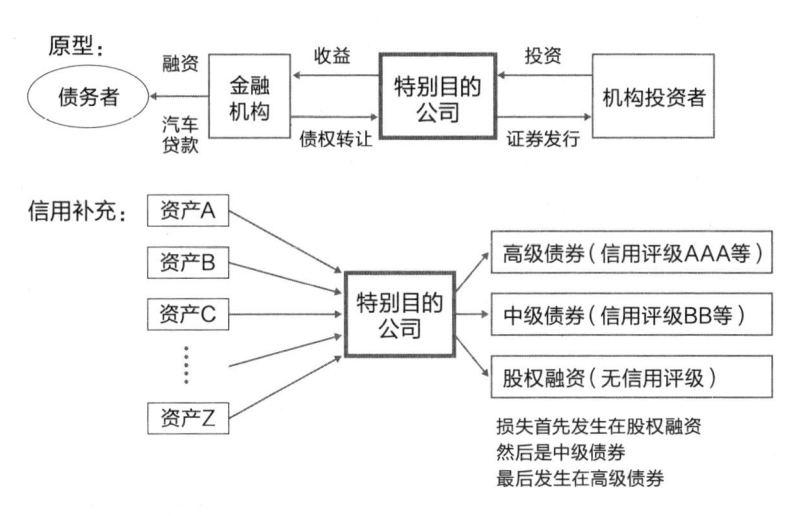

图表10-2 证券化的流程

正如第二章看到的那样,对因处理累积债务问题而苦恼的银行来说,这种证券化成为一种解决方法。将汽车贷款债权、所有权转让债权、应收账款等资产证券化处理,为资产负债表瘦身,给金融公司也带来了实惠。20世纪80年代以后,这种以债权为担保的"资产担保证券(ABS)"的发行量迅速增加,在美国,同公司债券一样,资产担保证券和抵押担保证券(MBS)在资本市场中也起了非常大的作用。

证券化的风潮波及日本,1993年日本颁布《特债法(特定债权等相关事业规制法)》,走上了证券化的道路。1996年特债法修订,使资产担保证券的发行成为可能。从日本的资本市场机能扩大的观点来看,这是非常重要的一步。

本来,证券化商品就存在一些问题。特别是在美国市场,随着次级贷款证券化的不断增加,如何判断其信用力、如何对其进行信用补充成为议论的焦点。信用补充是指前面说到的"如何设计信用力高的商品",再具体一些讲,就是如何取得AAA和Aaa这样的最高信用评级的问题。

信用评级公司是向债券发行者收取手续费并赋予信用评级的公司,并不向投资者收取手续费。而证券化的过程又是与作为组织者的投资银行交涉的过程。证券化商品的信用评级与公司债的信用评级不同,公司债的信用评级可以通过企业的财务状况来进行判断,而证券化商品的信用评级只是根据过去的统计数据中无法偿债的发生概率来设定的。

就这样,信用评级公司和投资银行以近乎损人利己的方式,收集次级贷款的无法偿债等数据进行模拟,设计了最高信用评级的商品。

机构投资者则根据这样的信用评级进行了投资。法巴银行旗下的基金也不例外。但是,决定信用评级所使用的数据和解析方法是有局限性的,因此面对住房价格下跌30%以上的市场信号,没有办法做出反应。

无论集结多少低信用评级的次级贷款,都不可能创造出高信用评级的商品,现在看会觉得这是理所当然的事情,但是在当时,多数市场参与者却都深信证券化技术能变出这种魔术。这真是当局者迷啊。

2007年以后,被认为是绝对安全的AAA和Aaa级证券化商品亏损不断,投资者开始疑神疑鬼。金融机构之间也开始出现持有证券发生巨额损失的传言。

由于金融系统立足于金融机构相互之间密切交易关系的基础之上,对证券化商品的疑心开始全面影响市场。2007年下半年,备受关注的是以抵押担保证券为基轴、美国排名第五的老牌投资银行贝尔斯登的财务状况。

3. 从贝尔斯登到雷曼兄弟

美国的金融机构不同于日本和欧洲，具有各自经营特点的并非少数。虽然都被叫作大型银行，但花旗集团和摩根大通的收益结构却有很大不同，投资银行里高盛和摩根士丹利的经营方式也有着微妙的差别（图表10-3）。

◎强项，○一般，△弱项

企业名	商业银行		投资银行			特征
	企业融资	个人业务	承销	市场买卖	资产运用	
摩根大通	◎	○	◎	◎	○	各业务领域都实力雄厚
富国银行集团	△	◎	△	△	△	住房贷款全美第一
花旗集团	○	◎	○	○	○	海外业务强势
高盛	△	△	◎	◎	◎	投资银行中实力超群
摩根士丹利	△	△	◎	○	◎	着力于资产运用业

图表10-3 美国大型金融机构的商业模式

在商业模式如此多样化的美国金融界中，大放异彩的是贝尔斯登。1923年成立的贝尔斯登是美国大型证券企业的一角，其商业活动的特征并非是股票的交易和企业并购中介等业务，而是抵押担保证券的组成和贩卖。通过灵活运用强势业务领域，贝尔斯登获得了从海外机构投资者到对冲基金的、广泛的客户群体，成为独一无二的投资银行。

但是，住房市场的盛况和抵押担保证券的急速扩大，使贝尔斯登的经营偏向了风险较高的"杠杆经营"。说来，投资银行本就不是以持有资产来盈利的金融机构，而是以承销证券和提供财务建议等来收取手续费的金融机构。然而，相对容易的贷款环境加上状态绝佳的资产市场，使投资银行感受到像商业银行那样以持有资产来盈利的经营形态的魅力。

在证券化市场中，出现了由多种金融衍生产品组合出的复杂商品，高信用评级和高回报率的商品成为投资银行的绝佳投资对象。但是，对这种商品的价格进行客观判断则十分困难，因此它并不是可以在市场上交易的商品。于是，它必然地成为"长期投资"，到满期为止都只能持有。

贝尔斯登在2007年年末的时候，相对于其110亿美元规模的资本，持有明显过多的4000亿美元的资产，使用了约36倍的资金杠杆。而其资产的大部分并非流动性高的证券，而是前面说到的高回报率但难以在市场上销售的证券化商品。

贝尔斯登经营危机的开端，是旗下两家对冲基金的破产。这两家对冲基金，将借入的资金投资于极具投机性的商品，住房市场走向低迷时，损失就像滚雪球一样膨胀起来。

贝尔斯登的财务状况急速恶化，也没能够实现自我经营重建，于2008年3月被摩根大通收购，对外公布的收购价格是每股2美元的屈辱价格。尔后，摩根大通受到价格过低的批评，将价格上调为每股10美元。即便如此，与2007年1月最高市值171亿美元相比，这个落差依然让市场惊愕不止。

在贝尔斯登戏剧性地被收购的桥段还残有余韵的时候，市场上已然开始寻找"接下来是谁"破产了。从规模上看，美林证券和雷曼兄弟最有可能，但前者有美国银行出手相救，所以市场的关心便集中到了后者身上。

雷曼兄弟是1850年成立的老字号，是仅次于高盛、摩根士丹利、美林证券的美国第四大投资银行，债券交易是其强项。它以日本为起点在全世界多个国家设置分支机构，不断扩大经营基本盘，但是同前面三家的差距很大。无论如何想要赶超的想法，使其经营方向倾斜到抵押担保证券和商业用不动产交易方面，结果丢了性命。

雷曼兄弟也同贝尔斯登一样，采用了借入资金持有资产的战略。其资产的大多数，不是面向个人的次级贷款，而是以商业用不动产担保融资为背景的证券化商品（CMBS）。

雷曼兄弟的经营破绽越发严重之时，可以对它这样规模的金融机构出手相救的银行在世界上并不存在，于是有观点认为：最终美国政府会出手相救的。可是，这个预想并没有言中，2008年9月15日雷曼兄弟申请适用《美国破产法》第11条，经营破产。

资产总额6390亿美元，这场史上最大的破产剧掀起了全世界股价的暴跌。对景气后退的担忧增强，人们被莫大的不安笼罩。美国政府和美国联邦储备委员会为"避免大恐慌再次来临"而经受的长久痛苦的日子，从此开始了。

4. 华尔街之雄——投资银行的凋落

美国第四大和第五大的投资银行在半年之内的相继破产震撼了金融界。"雷曼冲击"冻结了资本市场，甚至是美国的国债市场也失去了流动性，无法顺利交易。位居前列的高盛和摩根士丹利等也并非完全处于经营良好的状况。摩根士丹利也是依靠三菱日联金融集团的出资才逃过一劫的，由此可见一斑。

雷曼兄弟破产之后，支撑美国住房金融的房利美、房地美事实上被收归国有，此外，持有大量信用违约互换（CDS）期权的美亚保险（AIG）也不得不伸手求助政府。美国财政部说服国会，向银行等注入了7000亿美元的政府资金。

在这一连串救济措施中，前面的两大投资银行为了从美国联邦储备委员会获取资金援助上演苦肉计，装作"商业银行"，几经波折总算是达到了确保资金的目的。政府出手救助美亚保险，也被认为是因为顾及了与其有着巨额交易的高盛所处的窘境。

这样，虽然避免了投资银行的连环破产，但一直以来作为华尔街之雄而大放光彩的投资银行，凋落得惨不忍睹。一直以来，说到金融危机，原因基本都是商业银行的融资行动。

到底，投资银行发生了什么？

美国投资银行的起源，可以说是英国的商人银行，如果再向前追溯，那就是17～18世纪在德国、荷兰和意大利等国活跃的商人资本。这些商人在19世纪移民到英国，在20世纪以当时的基础货币英镑为背景，作为世界性的金融业者成长起来。之后，在世界经济和国际金融开始变成以美国为中心的20世纪后期，被美国的金融机构夺去了地位。

美国通过1933年的格拉斯-斯蒂格尔法案将商业银行和投资银行分离，后者专注于股票和债券的承销和贩卖等。之后，跟着资本市场扩大的节奏，将业务扩大到证券买卖、金融衍生产品和企业并购中介等领域，提高了收益能力。金融工程学的发展也为投资银行提供了新的商业机会。

但是在其成长过程中，围绕着奖金分配问题，公司内部部门之间竞争激化，使得力图增加眼前收益的商品开发和自营交易等风险业务的比重增加。特别是风险业务由从前的短期买卖战术变为以长期持有为前提的风险资产投资。

投资银行在组成抵押担保证券的时候，自己也作为投资者参与其中，开始持有这些资产。但是，这些资产的大多数因为结构复杂而无法判断出"正确的市价"，是市场中无法买卖的特殊商品。于是，通过在账面上的评价避免损失、获取高息收入，只计提收益的、非正常的决算被大肆采用。

另外，也有着来自股东的提高净资产收益率的强烈要求的影响。与其他产业20%以上的净资产收益率相比，因为是金融业所以收益率较低的说辞是行不通的。1999年由合伙制转为公开企业的高盛，经营姿态发生重大变化也是自然的事。

就这样，投资银行突入了高风险高回报的经营模式之中。或许是住房市场的绝佳状况，使其缺乏对高风险的认识。投资银行开始自我满足于"终于找到了低风险高回报的经营方法"。在克服了金融危机的今天，这种傲慢在市场上开始再次苏醒。

5. 资金杠杆的甜蜜圈套

在资产运用上，利用资金杠杆会对运用结果产生非常大的影响（图表10-4）。在企业经营中，利用他人的资金增加收益率的资金杠杆被普遍采用。特别是规模较大的企业，在进行建设工厂、购买设备或是招聘人才等活动时，不可能全部使用自己的资本。只用自己的资本反而会受到金额的制约，可能会使其无法充分发挥潜力。

		有资金杠杆	无资金杠杆
运用开始	手头本金	100万日元	100万日元
	借款	400万日元	0日元
	合计	500万日元	100万日元
运用成功	回报率	10%	10%
	收益	50万日元	10万日元
	手头资金	150万日元	110万日元
运用失败	回报率	−20%	−20%
	损失	100万日元	20万日元
	手头资金	0日元	80万日元

图表10-4 资金杠杆的效果

如同企业向银行借款一样，银行则向存款者借款。从资产负债表中可以看出，银行的负债里"存款"占据相当大的比例。银行吸收存款就会直接导致负债扩大，因此银行吸收存款的工作又可以被说成是"提高负债水平之事"。当然，银行业务的本质就是为了持有优良的资产（发放贷款）而增加负债（吸收存款）。

因此，银行的负债和资本的比例与其他企业相比是相当大的数字（图表10-5）。比如说三菱商事的"杠杆比率"大约是2倍的样子，但三菱东京UFJ银行则为20倍左右。商业银行为了不让这个比率过高，将资产加权风险后的"自有资本比率"作为其另外的标尺，力图维持财务的健全性。

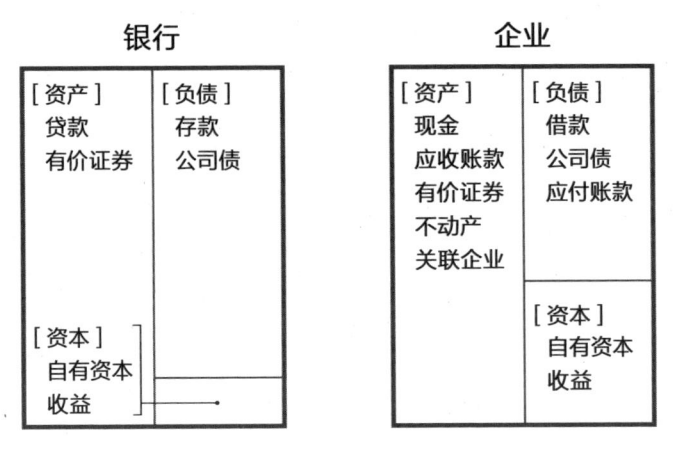

```
       银行                    企业
┌─────────┬─────────┐   ┌─────────┬─────────┐
│[资产]   │[负债]   │   │[资产]   │[负债]   │
│ 贷款    │ 存款    │   │ 现金    │ 借款    │
│ 有价证券│ 公司债  │   │ 应收账款│ 公司债  │
│         │         │   │ 有价证券│ 应付账款│
│         │         │   │ 不动产  │         │
│         │         │   │ 关联企业│         │
│         │         │   │         │         │
│[资本]   │         │   │         │[资本]   │
│ 自有资本│         │   │         │ 自有资本│
│ 收益    │         │   │         │ 收益    │
└─────────┴─────────┘   └─────────┴─────────┘
```

图表10-5 银行和事业企业的财务结构的不同

但是，投资银行与商业银行不同，持有资产并非本来的商业模式。投资银行持有资产，通常只是为了应对顾客业务而将证券作为库存短期持有的情况。于是，这样筹集的资金就成为短期资金，而支持这种交易的则是回购市场。

回购在日本被称为"现金担保型债券借贷交易"，美国则称为"附买回协议债券买卖交易"，是债券自营商等将手中的美国国债等以回购为前提卖出，实现短期融资的交易行为。

投资银行为了将持有的美国国债和公司债等库存商品变为流动资金，利用这种回购从商业银行和机构投资者等处，以一定比例的担保率借入资金，借期从隔夜到数月均可。2007~2008年，基本上都是隔夜回购的交易。

得益于这个回购市场，投资银行虽然没有存款这样稳定的资金筹措手段，却依然可以维持30倍，甚至40倍的高杠杆比率。

然而，这种便利的回购交易，从根本上讲，是以作为担保的证券的质量作为支撑的。如果是国债的话没有任何问题，但前面已经提到，投资银行所持有的是以抵押担保证券和商业用不动产担保融资等作为原资产而组成的证券化商品，包含非常多的无法客观测定其准确价值的商品。

回购交易中担保的估值折扣（Haircut，担保价值的削减率），是在交易时根据其信用力来决定的，如果担保的质量低下，则估值折扣就会上升。实际上，受住房市场行情恶化和证券化市场混乱的影响，证券化商品的估值折扣已经大幅提高。其结果是，可以借入的资金减少，投资银行被迫选择寻找其他融资途径或是贩卖资产。

当然，在市场不安感高涨的时候，找到其他融资手段并非容易的事。这样一来，剩下的选项就只有"抛售资产"了。实际上这种抛售加速了市场价格的下跌，引发了恐慌。

市场价格下跌会使持有资产的估价损失增加，陷入自有资本不足的境遇。雷曼兄弟经营破绽的暗流之中，正包含了这种回购市场监管的运作。

6. 金融行政主体没能看透金融机构的本质

虽说对住房价格持续上升的期待、对证券化商品的过度信赖、对资金杠杆的依赖等，是由高奖励诱惑下的贪婪和轻视风险的傲慢心理构成的。但是，将"百年一遇"的金融危机的原因，全部归咎于民间金融显然是不公平的。

前面已经说过，20世纪80年代后期的美国，在美国联邦储备委员会主席格林斯潘的手腕下进入了大缓和（Great Moderation）时代。20世纪90年代也在抑制物价上涨的同时实现了稳定的增长，截至2006年前后大约20年的时间里，达成了长期稳定的经济增长。

格林斯潘主席又被称为"大师"，人们毫不怀疑这种健全的经济增长的持续性。同时实行的金融规制的缓和，被认为是对这种稳定成长做出了贡献。商业银行涉足谋求手续费的业务开始投资银行化，而投资银行则是开始向持有资产盈利的商业银行靠近，金融产业成为"成长产业"的一员，也对经济高增长做出了贡献。

在这个过程中，金融衍生产品市场的多样化和复杂化被认为是"金融的进步"，规制的必要性被无视。证券化商品拥有分散风险的机能是有益的工具，这是它被高度评价的主要原因。美国联邦储备委员会则对这一系列的金融创新持有积极肯定的态度。

这种新自由主义金融行政道路，是以金融机构拥有伦理观、责任感和专业化为前提的，但是被"贪婪"和"傲慢"沾染的华尔街，聚集了明显超出当时格林斯潘主席估计的、自私贪婪的经营者。

2006年退任的格林斯潘主席，在2008年10月雷曼兄弟破产之后被召唤到国会，发言称"这次的危机，严重动摇了我对市场如何发挥机能的理解"，表示"对金融衍生产品实行规制是必要的"。

结果，从次级贷款问题到雷曼危机为止的美国金融市场的变故，是在自由放任的金融行政体制下，金融机构自由自在地享受游戏，再把失败的损失记到全世界身上。然后，华尔街被美国国民的税金挽救，直到今日，那些使世界陷入混乱的经营者却没有一人受到刑事处罚。

美国国会为了防止再度发生这种悲剧，于2010年7月制定《金融规制改革法（多德-弗兰克法案）》①，在抑制银行投机行为的同时，禁止了对大型银行的救济。美国联邦储备委员会也导入严格的压力测试，着力于银行经营的健全化。

但是，"巨大的不会倒闭的银行"依旧存在。在银行以外，导入规制大幅落后的是被称之为"影子银行"的金融机构。我将会在第十二章详述。现实是非常遗憾的，我们无法否定雷曼危机会再次出现。

---

① 《金融规制改革法案（多德·弗兰克法案）》：以2008年之后的金融危机为教训，为了防止金融危机再次袭来于2010年制定的总括性的法律。以最小化金融系统风险、强化金融衍生产品市场的透明性、保护消费者等为重点。

第十章要点

法巴冲击：2006年美国的住房价格上升速度钝化，美国联邦储备委员会开始上调政策利率，使得低收入者难以偿付住房贷款（次级贷款）。这引发了证券化市场的不安，基金解约的要求袭来。2007年8月，法巴银行旗下的基金发表声明，不受理这些解约要求，而后外汇市场和股市陷入大混乱，"百年一遇"的金融危机拉开了序幕。

● 住房市场过热的背景在于美国政府的"购房奖励"政策。美国增加面向低信用群体的住房融资，次级贷款扩大，由次级贷款组成的证券化商品在美国内外都十分畅销。

● 倾向于杠杆经营的贝尔斯登被摩根大通收购，找不到救济方案的雷曼兄弟则上演了史上最大的破产剧。

● 信用评级公司几乎是以损人利己的形式赋予证券化商品高信用评级。另一方面，金融衍生产品市场的多样化和复杂化被看作"进步"，无视了规制的必要性。

● 美国反省了金融危机，于2010年7月制定了《金融规制改革法》。

解说专栏——中央银行和不动产

各国的中央银行,虽说是金融专家的聚集地,但在雷曼危机爆发前也没能够看清金融市场潜藏的风险。英国的伊丽莎白女王曾就金融危机的原因质问英国中央银行(英格兰银行),女王说"是不是疏忽大意了",英国中央银行没有否定。但疏忽大意并不是主要原因,更主要的是对不动产市场的误判。

不动产是与金融密切联系的市场,金融专家并不一定都是不动产方面的专家。2008年的金融危机的背景在于,以美国不动产价格上涨为前提的住房泡沫的破裂。可以认为,美国联邦储备委员会欠缺对不动产与金融之间密切联系的洞察力。这与不动产泡沫破裂之后,苦于处理巨额不良债权的20世纪90年代的日本如出一辙。

第十一章
希腊财政危机
让欧元走投无路

欧元区的南北问题和被不断议论的共同体理念

2009年 10月 希腊新政府暴露出财政问题

2010年 1月 欧洲委员会批评希腊统计不全

　　　　 4月 标准普尔将希腊的信用评级下调为"不适合投资评级（BB+）"

　　　　 5月 欧盟、国际货币基金组织、欧洲中央银行向希腊提供
　　　　　　 1100亿欧元的援助

　　　　 11月 爱尔兰请求援助

2011年 4月 葡萄牙请求援助

　　　　 11月 希腊发表声明就脱欧问题实施全民公投（之后撤回）

2012年 2月 欧盟、国际货币基金组织、欧洲中央银行向希腊追加
　　　　　　 提供1300亿欧元的援助

　　　　 6月 西班牙请求援助

1. 2010年1月12日 欧洲委员会公开表明希腊统计不完备

在雷曼危机还残有余韵的2009年秋，虽然实体经济的雇用、消费和生产的严峻状况还在持续，但美国政府和美国联邦储备委员会彻底推行"维持金融系统"政策已初见成效，股市开始反弹。

正当此时，两个令人担忧的消息突如其来。

第一个是来自阿联酋七个酋长国之一的迪拜的新闻。以建造超高层建筑和人工岛等闻名的政府系企业"迪拜世界"，受雷曼危机余波的影响资金筹措出现困难。

第二个是欧元区成员之一的希腊在选举后政权更迭，新政权曝出了旧政权下隐蔽的财政赤字问题。对外公布的占GDP4%的财政赤字实际上高达13%。

对于迪拜问题，拥有丰富的石油资源的阿布扎比显示出援助的态势，市场的不安一扫而光，而希腊就没有那么幸运了。此前，希腊财政状况的恶化就比当初预想的更为严重，市场上，对希腊债务偿还能力的怀疑声不断增强。

使这种怀疑成为事实的是2010年1月12日欧洲委员会公布的报告。其中，欧洲委员会明言"希腊发表的经济统计不可信"，市场自然而然地想起以前就曾议论过的"欧元区加盟疑虑"。

想要加入欧元区，物价、财政、利率、外汇等多个项目都必须满足一定的条件。特别是财政赤字，规定了具体的目标值，要求其水准在GDP的3%以下，公共债务水平在GDP的60%以下。

1999年11国导入欧元时，希腊因为没有达到这些目标值而被迫推迟加入。两年后的2001年，希腊总算得以加入欧元区，但市场对希腊是否真的满足"欧元区标准"的质疑依然存在。

其中，一个强有力的推测是，希腊通过与高盛之间进行货币互换交易，在账面上削减了财政赤字。虽然这个交易没有被判定为不当交易，但从金融专家的角度来看，这明显是对财政状态的"操作"。此外，随着财务状况调查的深入，希腊征税系统的不健全问题突显，市场对希腊的不信感变得更为强烈。

2010年4月，标准普尔将希腊的国家信用评级一下子降到BB+的"垃圾级"，在机构投资者之间开始传言发生"发达国家无法偿债"噩梦的可能性。长期利率已经无法控制在个位数上，仿佛不存在天花板一样直线上涨。接着，市场的不安扩散到了爱尔兰、葡萄牙、西班牙和意大利等国，就好像是害怕希腊太孤单一样。市场将欧元区的财政问题，依照各国的英文首字母称为"PIIGS问题"。

在这种危机一样的氛围中，欧盟拉上国际货币基金组织对希腊进行了援助。2010年5月，在欧盟、国际货币基金组织和欧洲中央银行组成的"三套车体制"下，决定向希腊提供总额达到1100亿欧元的融资（图表11-1）。

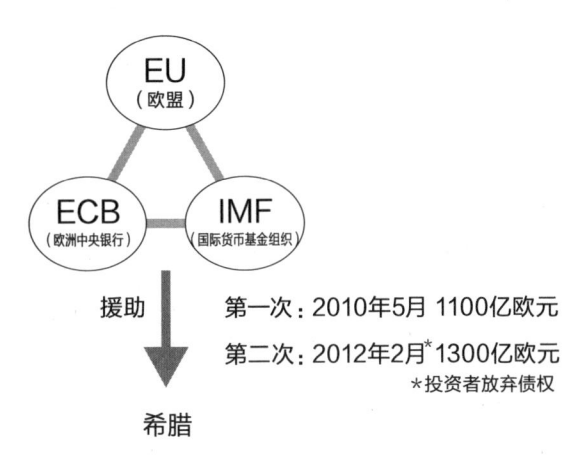

```
         ┌─────┐
         │ EU  │
         │(欧盟)│
         └─────┘
        ╱       ╲
┌─────┐         ┌─────┐
│ ECB │─────────│ IMF │
│(欧洲中央银行)│  │(国际货币基金组织)│
└─────┘         └─────┘
   │
  援助    第一次：2010年5月 1100亿欧元
   ↓     第二次：2012年2月*1300亿欧元
  希腊              *投资者放弃债权
```

图表11-1 希腊支援的三套车体制

国际货币基金组织的援助历来都是在"通过民间放弃债权使债务降低到可以偿还的水平之后"才进行。然而这次例外，理由在后面会叙述。这次援助使得国家债务依然存在，是一种半途而废的方案。

结果，市场的担忧情绪并没有平静下来，希腊的长期利率急涨到近40%的水平，市场对于希腊必将无法偿债的危机感继续高涨起来。

2. 对希腊的投资因何高涨

没有进行债务削减的希腊，官方债务超过GDP水平，资本的急速外流带来景气后退，加剧了GDP规模的缩小，官方债务对GDP的比值急速扩大。新兴国家等遇到这种危机时常用的应对方法是大幅下调外汇汇率，通过将经常项目收支黑字化来稳定经济。因为希腊使用欧元这个共同货币，就失去了下调汇率的选项。

其实，经济基础薄弱的希腊从加入欧元区开始，资本便开始加速流入，虽然表面上经济相对稳定，但这正是其危机的开端。这真是对共同货币制度的讽刺。

在导入欧元之前，德国、法国的银行和机构投资者对其他国家进行投资时，需要管理信用和汇率两项风险。例如，德国的银行买入希腊企业发行的公司债时，在考察企业财务状况的同时，还要斟酌希腊德拉克马的汇率风险。如果汇率下跌，即使是高利率债券，利差利润也会轻松地打水漂。

然而，导入欧元的结果，是无需再为汇率风险而担忧。对于德国和法国的投资者来说，高利率的希腊国债简直就是求之不得的"没有汇率风险、没有信用风险"的投资对象。使用同种货币的国家的国债会无法偿付是想都没想过的事情。

2019年12月月末，希腊隐藏财政赤字被发现后，其对外债务达2179亿美元，其中法国的银行持有约36%的788亿美元债权，德国的银行持有约21%的450亿美元（出自国际清算银行统计）。单单这两个国家就已经持有近60%的希腊国债（图表11-2）。

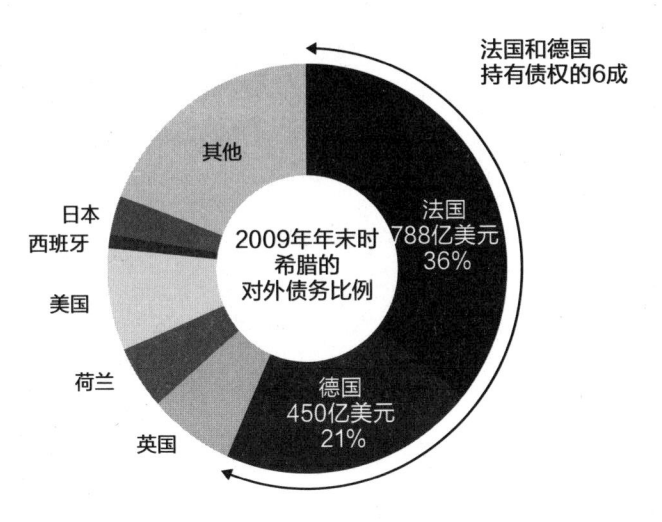

```
                    法国和德国
                    持有债权的6成
        其他
  日本              法国
  西班牙   2009年年末时  788亿美元
          希腊的      36%
  美国    对外债务比例
  荷兰
          德国
  英国    450亿美元
          21%
```

图表11-2 2009年年末时希腊对外债务比例

这种状况使得民间债权放弃变得困难。希腊存在着一系列问题：公务员过剩、税收系统不完善、农业和旅游业的经济结构问题等。可以预想，财政重建将是多么艰难的一段路程。但即便如此，债权放弃的议论依然没能取得顺利进展。

如果希腊的债务进行重组，德、法两国的金融和经济将会发生混乱；发达国家的主权违约会给还残留有雷曼危机影响的世界经济带来新的动乱。欧洲有着这些担忧和警戒心理。

然而，2010年5月的援助并不充分，欧盟再次同国际货币基金组织和欧洲中央银行协议，于2012年2月对希腊进行第二次援助。这次援助的金额为1300亿欧元，超过了第一次。但是，作为援助前提，要求投资者放弃债权是不可避免的。

结果，包括银行在内的民间投资者，被要求将持有的希腊国债估值打折至53.5%。如此一来，希腊的官方债务余额到2020年可以控制在GDP的

120%以下。以此为前提，欧盟进行了第二次援助。

新闻媒体虽然大肆报道"发达国家国债违约"，但是依照经济上的各种条件来看，希腊实际上算不算是发达国家还是个疑问。另外，在金融史上，希腊作为违约国常客也是人尽皆知的。糟糕的是，市场瞩目的焦点渐渐从希腊转移到西班牙和意大利等经济大国的债务问题上。

3. 危机波及意大利、西班牙

2014年1月拉脱维亚加入欧元区之后，在欧盟28国中使用欧元的国家增加到18个（图表11-3）。从经济实力上看，最大的德国和最小的马耳他之间有着非常大的差距，用GDP来衡量的话，两国实际上有着近400倍的差距。

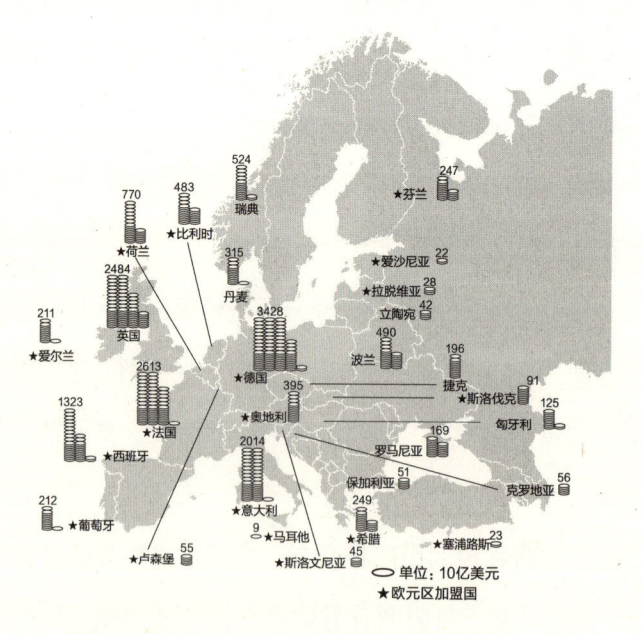

图表11-3 包含欧元区18国（★）的欧盟28国的GDP规模

陷入债务危机的希腊的经济规模在欧元区是第九位，GDP占有率约为2%。与希腊一样得到援助的葡萄牙和爱尔兰的经济规模也很小，因此危机感还没有发展到动摇欧元区基础的程度。

但是，如果债务危机波及意大利和西班牙，那就另当别论了。意大利的经济规模在欧元区仅次于德国和法国居第三位，西班牙排在第四位。这四个国家创造了欧元区近80%的GDP。

一直以来，意大利作为慢性财政赤字国为人所知。其官方债务与GDP的比值仅次于日本，在发达国家中处于较高水平。希腊危机表面化的2010年，意大利债务与GDP比值超过130%。

意大利的基础财政收支虽然维持着黑字，但在长期国际竞争力低下的情况下依然维持高工资体制，劳动生产性大幅下降。这一点借由希腊等国的债务危机再次受到市场的瞩目。

西班牙也同样竞争力低下，沉浸于不动产泡沫带来的景气恢复的表象，雷曼危机后开始出现金融收缩。

爱尔兰不动产泡沫破裂时，银行因不良债权而直面了严重的危机。同样，西班牙的金融业也持有高额的不良债权。更严重的是，处于债务过多状态的自治区政府向中央政府请求援助的情况，进一步加重了西班牙的负担。

决定对希腊进行第二次援助之后，市场开始对意大利和西班牙的债务偿还能力产生怀疑，两国的长期利率上升到7%的程度。这意味着两国要重蹈希腊、爱尔兰和葡萄牙的覆辙。

对于欧盟来说，这两个国家的财政破产意味着共同体的垮台。根据国际清算银行（BIS）的数据，2009年年末的时间点上，意大利和西班牙的官民合计对外债务均为1万亿美元的规模，德国和法国对前者的债权持有率约为60%，后者约为50%。

结果，欧盟临时设置欧洲金融稳定基金（EFSF）作为安全网，决定对西班牙进行援助，对于意大利，则是委托蒙蒂总理实行经济改革（欧洲金融稳定基金的职能于2012年被欧洲稳定监管接管）。

然而，在这种如履薄冰似的应对中，市场对"希腊退出欧元区"的预测仍不时出现。因为即使进行了两次巨额的援助，希腊的经济依然看不到光明的前景。

大型金融机构的经济学家也开始放出"希腊除了退出欧元区将利率大幅下调之外，应该别无他法了"的意见。此外，对希腊援助抱有消极态度的德国，其国内也充满了不满和愤怒的声音。欧元遭遇了1999年1月导入以来最大的危机。

4. 止住欧元崩坏危机的德拉吉发言

希腊接受第二次的财政援助时被要求的条件，是被迫进一步削减财政支出。深刻的经济萧条一直持续，希腊国内终于爆发了国民的不满。2012年5月的总选举中，推行财政再建的执政党联盟惨败。

在这场选举中，出现了各党均无法组阁的紧急状况。执政党联盟经过次月的再选举才终于艰难地击败反对财政削减的激进左派联盟成功组阁，但是其政治基础十分薄弱，无法消除市场的"违约担忧"和"退出欧元区担忧"。

2011年，希腊退出欧元区再次使用本国货币德拉克马的观点开始流传开来。此外，德国退出欧元区回归马克的信号也开始出现。但在当时，这只是单纯的设想而已，欧元区垮台程度的危机感还很淡漠。

进入2012年后，希腊国内开始出现拒绝接受援助的声音，使德国等国的反希腊情绪高涨，欧元区垮台的可能性渐渐增高。在希腊，因为担心会从欧元回到脆弱的德拉克马，将银行存款从国内转移到海外的现象开始增多。

原本，退出欧元区就不是一件简单的事情。欧盟27国于2007年签署了新的里斯本条约，禁止强制地将他国逐出共同货币制度。所以，退出欧元区必须由希腊自主宣布。

希腊国内脱欧派并不在少数。使用新货币后汇率的暴跌会使进口成本激增，会波及国民生活，希腊人的警惕感增强。此外，出于对脆弱货币系统的担忧，资本流入中断是可以料想得到的。

从实务上来说，不仅存在着不计其数的欧元交易和契约该以何种汇率换为德拉克马等繁杂的问题，实行新货币制度还需要准备新的纸币和硬币。

加入了欧元区的国家再退出，就意味着共同货币制度的失败。欧盟想尽量避免这种情况发生。

于是在希腊国内形成了"不想退出欧元区，但也反对削减财政支出"的舆论。希腊政府也不能无视这种声音，德国和法国等也希望避免因希腊退出欧元区而带来的经济混乱，希腊问题向"长时间解决"的妥协方向发展。

当然，市场依然充斥着不安。西班牙和意大利的长期利率始终不下降，葡萄牙也被信用不安缠住，希腊依然一直哼唱着要退出欧元区的小曲儿。

在此时起了关键作用的是欧洲中央银行的德拉吉行长。2012年7月27日德拉吉行长向世界宣布"不惜一切代价去维护欧元"，显示了欧洲中央银行准备买入南欧国债的姿态。

这一句话，不仅消除了欧洲市场的担忧，也给美国和日本的市场带来了非常大的转机。与各国政治家的发言相比，德拉吉行长的发言才是最好的兴奋剂，让被雷曼危机和欧元危机的黯淡气氛笼罩的世界资本市场渡过了最为紧要的关头。

马里奥·德拉吉（1947—）：欧洲中央银行的第三任行长。2011年就任后，主导积极的金融缓和政策，展现了以买入国债应对欧元危机的姿态等，力压德国式的反对推进非传统型金融政策。

5. 欧洲中央银行的果决

对于南欧各国的债务问题和希腊退出欧元区的担忧，欧盟是无法袖手旁观的。前面已经叙述过，2010年5月，为了应对危机从希腊向其他国家扩散的风险，欧盟在国际货币基金组织的协助下公布了总额7500亿欧元的一系列援助计划。

其中包括了欧洲委员会筹集的600亿欧元的欧洲金融稳定化方案、依据欧元区成员国经济实力出资的4400亿欧元的欧洲稳定基金、国际货币基金组织提供的2500亿欧元的融资保障这三大重点。即使葡萄牙、爱尔兰和西班牙全部陷入财政破产的境地，其合计金额也不会超过这个金额。

作为援助核心的欧洲稳定基金只有3年时限，欧盟为了将援助继续下去，设立了永久机构"欧洲稳定监管"。但值得一提的是，在其具体的运用方法，主张慎重对待的德国等北欧各国同主张灵活运用的南欧诸国之间的对立等，成为欧元区的"南北问题"而呈现出来。

这种分裂气息的政治局势，无法消除市场对欧元区是否能真正摆脱危机的不安和怀疑。正值此时，德拉吉行长的一句话给市场带来了巨大的安心感。

在德拉吉行长"不惜一切维护欧元"的发言之后，欧洲中央银行在2012年9月的定期理事会上公布了直接货币交易[①]计划。计划表明，在适用前述的欧洲稳定基金和欧洲稳定监管附带的严格条件的前提下，在流通市场上适当地买入国债。2008年危机之时，市场将当时美国的保尔森财政部长的金融援助政策称为"保尔森的火箭炮"，与此相类比，将这些计划称为"德拉吉的火箭炮"。

欧洲中央银行在2010年5月实行前述的援助方案的同时，还进行了被称

---

① 直接货币交易：2012年9月由欧洲中央银行发表的一系列条件下实行的国债购入制度。实际上没有国家请求援助或成为购入对象，但是德国认为这个制度与欧盟条约有相抵触的可能性，怀疑其合宪性。

为"证券市场计划（SMP, Securities Markets Programme）[1]"的国债购入以应对危机。证券市场计划是针对南欧诸国长期利率急涨的紧急事态而采取的紧急对策，是与有着严格适用条件的直接货币交易稍不同的制度。

二者都是通过购入国债吸收流出到市场的资金，进行"冲销干预"（抵消货币供应量的变化），这同日、英、美进行的量化宽松画上了界限。但中央银行购入国债的这种资金供给方式（monetary financing）令德意志联邦银行十分不快。

德国还残存有20世纪20年代魏玛共和国时代的恶性通货膨胀的记忆，因此德意志联邦银行坚决反对这种诱导通货膨胀的中央银行国债购入。但是，欧洲中央银行不得不力压德国的反对，迈出购入国债的步伐。因为能够化解欧洲市场不安的只有欧洲中央银行。

事实上，希腊曾被排挤到退出欧元区的紧要关口。退出欧元区就意味着欧元的失败，当初表示理解德意志联邦银行的默克尔总理，也不得不顾虑这个警告。欧洲中央银行的决断也是德国政治上的判断。

话虽如此，可直接货币交易并没有放出任何"实弹"，市场的不安感就因为"火箭炮"的空炮而被化解了。南欧国债的抛售减少，欧元的下跌也停了下来，欧洲的股市和不动产市场的安心感也传播开来。

这些也波及日本市场。当时的野田政府决定参与总选举之时，日元超高汇率时代已经接近尾声，美元兑换日元也回落到80日元程度，股价也已

---

[1] 证券市场计划（SMP, Securities Markets Programme）：在希腊违约担忧高涨的2010年5月由欧洲中央银行主导的在流通市场上的国债购入。最高时（2012年2月）的购入额达2200亿欧元，随着危机的化解在同年9月停止购入。

经是触底的行情。在日本媒体为"安倍经济学"开始拍手叫好之时，其实世界的市场行情已经有了非常大的反转。

6. 多灾多难的财政统合之路

欧洲中央银行的决断，使欧洲免于债务危机和欧元区崩坏危险的最坏事态。但是德国认为购入国债是违反欧盟条约的观点并没有改变，正在等待欧洲联盟法院判决。这也是欧洲中央银行在检讨通货紧缩对策和欧元走高对策时最大的障碍。

支撑欧元这个共同货币的经济基础的脆弱性，以及对其放置不管是欧元区的根本问题。这也是1999年导入欧元时就已经被指出的"财政统一欠缺"问题。

"货币政策"由欧洲中央银行统一，而"财政政策"依然由各国各自决定。结果，欧元区没有采用共同的财政政策成为以希腊危机为代表的南欧诸国债务危机的起因。

市场情绪虽然已经度过了不安的顶点，但如果不解决本质的问题，将来欧元危机再次爆发的可能性依然存在。然而财政统一关乎国家主权，不是那么简单就能达成一致的。

日本的各县和美国的各州能够使用相同的货币，是因为其作为一个国家有着共同的财政基础。欧元区的情况是：货币虽然相同，但德国或希腊等各自进行财政预算。

当初，紧密联系加盟国财政状况的稳定增长协议曾一度被期待能够作为共同货币的支撑基础，可结果却是执行体制一点一点崩溃，诞生了危机。强化这种体制并规定处罚措施的意见被提出来，面向改革的议论也在进行，但依然存在着怀疑其是否真的有决定性效果的声音。

此外，为了使欧元区内金融稳定，有尽早统一银行的监督体制的必要。过去，欧盟各国金融机构各自监督国内银行，松懈的检查制度带来了银行风险管理的疏漏。

为了修正这个体制，2012年年末的欧盟首脑会议就设计"银行同盟"（图表11-4）达成一致。它由"单一银行监督制度""单一银行破产处理制度"和"共同存款保障系统"三部分组成，前两部分已经进入了实行阶段。

	施策的三部分	实施预定时间
监督	单一银行监督制度	2014年后半年
破产处理	单一银行破产处理制度	2015年1月
存款保障	共同存款保障系统	?

图表11-4 银行同盟主要的施策

关于银行同盟值得注目的是，欧盟具体用什么样的方法应对银行危机。过去通常使用被称为"bail-out"的方法，投入公共资金（也就是投入税金）进行救助，但在2013年3月塞浦路斯发生的银行危机中，欧盟改变了方向，先让公司债权者和大额存款者负担损失，这被称作"bail-in"。进行破产处理时也同样实行"bail-in"，让银行当事者来负担。

美国也在2010年7月制定的《金融规制改革法（多德·弗兰克法案）》中做了禁止对银行提供官方援助的规定。欧美的这种在银行问题上的变轨，不仅考虑到了世界金融系统的健全性和持续性，还带有非常大的暗示。

话说回来，对于欧洲，财政统一和银行同盟还处于初级阶段，今后再次发生危机的可能性依然存在。这是需要记住的。

👉 第11章要点

欧元危机：是指2010年1月欧洲委员会公布希腊的财政赤字实态后，以欧元信用低下为契机发生的债务危机在南欧诸国间蔓延的一系列连锁危机。

●希腊因加入欧元区，加速了资本流入，在表面上经济呈现出稳定的样子，但也因此失去了下调汇率的危机应对方法。

●希腊的对外债务中，有近六成是法国和德国的金融机构所持有，因此民间债权放弃很困难。2010年欧盟、国际货币基金组织和欧洲中央银行的三套车体制虽然进行了总额1000亿欧元的援助，但并没有解除市场的担忧，长期利率继续上涨。因此，2012年又决定了以民间投资者的债权放弃为前提的1300亿欧元的追加援助。

●希腊因接受援助而被要求削减财政支出，使深刻的萧条持续，因政治基础薄弱而被担忧其违约和退出欧元区。德拉吉行长表明为了守护欧元区"不惜一切"，摆出购入南欧国债的姿态，市场的担忧一扫而光。

●南欧诸国债务危机的主因是"欧元区没有采用统一的财政政策"。所以，欧元危机再次发生的可能性依然存在。

解说专栏——量化宽松政策那些事

量化宽松政策是增加市场中流通的货币总量，由日本银行在世界上首次导入。之后美国联邦储备委员会和英国中央银行也采用了同样的政策。不过，虽然都叫"量化宽松"，但各国所采用的手法却有微妙的差异。日本银行在2001年最初进行的是增加支票活期存款额，促进民间银行增加贷款意愿的政策。美国联邦储备委员会在2008年进行的是从市场中购入抵押担保证券等债券，当初美国联邦储备委员会也把这个叫作"信用缓和"。

之后，美国联邦储备委员会又将长期国债作为购入对象。而英国中央银行则只把长期国债作为量化宽松政策对象买入。此外，日本银行不仅把国债作为对象，商业票据、公司债和不动产投资信托等民间债券也作为购入对象，设立的"资产购入基金"，大范围地购入资产为市场供给资金。但是这个基金在2013年被废除，方针转换为进行更高额的国债购入。

第十二章
脆弱的世界尚未结束
下一个震源在哪里

2012年 12月 安倍晋三再次出任内阁总理大臣，安倍经济学正式实行。

2013年 4月 日本银行的黑田行长发表"异次元量化宽松"，
　　　　　　 日经平均指数急速上升。

　　　　5月 伯南克冲击使股价暴跌、长期利率上升。

　　　　6月 联邦公开市场委员会（FOMC）会议上伯南克主席
　　　　　　 明言量化宽松，特别是在新兴国家，市场避险的情绪增强。

　　　11月 乌克兰停止加入欧盟的手续。

　　　12月 乌克兰突然爆发反对亲俄路线的示威游行。

2014年 6月 伊拉克第二大城市摩苏尔被逊尼派极端组织"伊斯兰国"
　　　　　　（IS）控制，主导政权的什叶派和逊尼派、库尔德人分裂
　　　　　　 为三的风险增加。

1. 2013年5月22日 伯南克冲击直击新兴国家

欧洲中央银行行长德拉吉发言称"不惜一切维护欧元",日本安倍首相放出的"三支箭(大胆的货币政策、灵活的财政政策、诱导民间投资增长的战略)"构成"安倍经济学",美国通过"QE3(第三代量化宽松)"使长期利率成功下调等,这一系列政策使得各国的资本市场被"Risk on"的冒险气氛所笼罩,对股票等高风险资产的投资越发积极。

美国虽然一直有意识地减少量化宽松政策,但物价上涨缓慢、雇用市场没有完全恢复,使市场普遍认为美国联邦储备委员会短期内不会进行政策修正。然而,当时的美国联邦储备委员会主席伯南克给持这种观点的人当头一棒。

本·伯南克(1953—):第十四任美国联邦储备委员会主席。2006年就任,为了应对金融危机推行零利率政策和量化宽松政策,一方面,因其大胆的量化宽松政策对景气恢复做出的贡献而受到褒奖,另一方面,又因为孕育了资产泡沫而遭到批判。

2013年5月22日,是美国联邦储备委员会主席预定在国会发表讲话的日子。虽然市场存在对"缩减量化宽松"的担忧,但在发表讲话之前金融机构负责人的发言中大半都是阐述当前景气的不透明感，因而对美国联邦储备委员会主席的发言并没有强烈的顾虑。事实上，其发言也的确没有什么新鲜的内容。

然而在自由提问环节，美国联邦储备委员会主席伯南克称"在今后数次的美国联邦公开市场委员会中，可能会减少债券购入"，这使得市场氛围一变，股价暴跌、长期利率暴涨到2%。这一轮金融海啸也袭击了日本市场，日经平均指数较前日一下子暴跌了1143日元，长期利率也涨到1%。美元兑换日元汇率也从103日元跌到101日元。

市场陷入疑神疑鬼的气氛中。而更为明确地看到美国联邦储备委员会变轨的动向，是在6月19日美国联邦公开市场委员会会议后进行的记者招待会。会上，伯南克主席明言"可能会在年底前开始缩减量化宽松政策"，发出了2014年年中停止第三代量化宽松的信号。

市场的反应同5月的国会发言一样，避险的动向增强，但这一次是在新兴国家市场上，出现了非常消极的反应。因为美国的利率进入上升通道后，一直以来在相对高利率的新兴国家市场运用的美元资本回流到美国市场的现象呈现出来。

2008年金融危机后，新兴国家取代发达国家成为世界经济的主要推动力，并维持了较高的GDP增长率，而支撑其增长的是流入新兴国家的海外资本（图表12-1）。如果资本流入中断的话，新兴国家经济的发展就会停滞。于是寻找"新猎物"的投机派毫不留情地袭击了新兴国家。

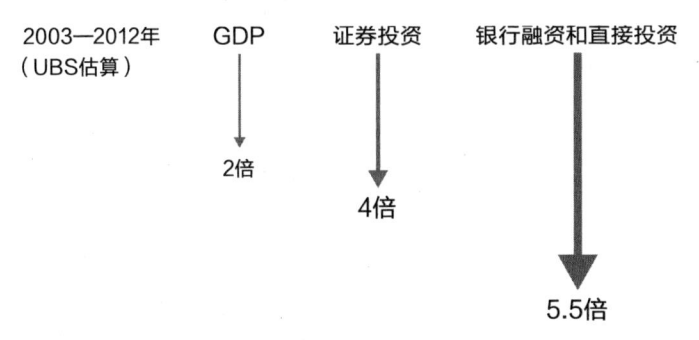

```
2003—2012年    GDP      证券投资    银行融资和直接投资
（UBS估算）
                ↓
                2倍
                          ↓
                          4倍
                                      ↓
                                      5.5倍
```

图表12-1 新兴国家的资金流入

被市场攻击的是新兴国家中有财政赤字和经常项目赤字、对外债务相比GDP较大的国家。具体来说，是巴西、印度、印度尼西亚、土耳其、南非五国，被称为"脆弱的五国（Fragile Five）"。外汇市场中，这些国家的货币都急速下跌。

这其中的巴西、印度、南非、中国、俄罗斯被称为"BRICS"，是新兴国家中经济飞跃的代表。中国和俄罗斯这两个国家经常项目收支黑字，再加上对外债务处于比较低的水平，因而没有成为抛售的对象。

5月到6月间的"伯南克冲击"使市场心理突变，把脆弱的新兴国家经济追赶到穷途末路。美国的货币政策，一直都是以本国经济运营为中心而考量的，这是众所周知的事实。"伯南克冲击"所暴露出的美元依存经济体制的弱点，正如第二章的累计债务问题和第八章的新兴国家经济问题一样，只不过是同样问题的一再重复而已。

2. 重新审视新兴国家的问题

2013年的新兴国家危机，在依存外国资本这一点上，确实与过去的危机有着类似之处。特别是美元资本，受美国货币政策影响突然改变流向的结构也是一样的。这其中共同的背景是"新兴国家的经济基础依然脆弱"的市场认识。

但是，同20世纪90年代相比又有着明显的区别，例如外汇储备的金额。巴西的外汇储备额，在1993年时有300亿美元，到2013年则有3735亿美元，是之前的12倍以上。印度的外汇储备由100亿美元增加到2685亿美元，土耳其则从63亿美元增加到1056亿美元。

这是吸收20世纪90年代货币危机的教训，力图增加外汇储备来防守本国货币导致的结果。丰富的外汇储备是向市场展示有充分的能力可以偿还对外债务的手段。

另外，新兴国家采用的汇率制度不再是固定汇率制，而是浮动汇率制，这也是非常大的不同点。我们已经看到，20世纪80年代和90年代新兴国家的货币危机，是以无法长期维持汇率水平而又想要固守固定汇率制度开端的。现在，多数的新兴国家采用浮动汇率制，不再需要强行介入外汇市场，还增加了汇率下跌利于出口部门的灵活性。

经常项目赤字本是新兴国家经济自身的弱点，但因为调节汇率，提高竞争力和资源需要等原因，亚洲各国和俄罗斯等多数新兴国家在20世纪90年代以后经常项目收支呈现改善倾向。这也是不同点之一。

但是与20世纪90年代相比，成为新兴国家经济最大障碍的"重要的不同点"是资本市场的结构变化。以前提到资产运用,共同基金和保险、养老金等机构投资者是主流,而现在的投资者则变得多种多样。

比如,20世纪90年代开始备受瞩目的对冲基金,如今拥有引领世界市场的影响力,其资产规模已经达到约3万亿美元。再有,作为中央银行或政府机构积极运用外汇储备或石油资金的主权财富基金,也增长到6万亿美元的规模(图表12-2)。在新加入的投资者中,通过贷款利用资金杠杆的基金也不在少数。

基金分类	资产规模	运用形态
共同基金	15万亿美元	大范围地募集个人等小额资金进行运用。类似于日本的投资信托。
对冲基金	3万亿美元	在自有资金的基础上,募集机构投资者和富裕层的资金。利用套利和衍生商品积极运用。
私募基金	3万亿美元	募集投资者的中长期资金,主要用于经营重建、企业再生。
主权财富基金	6.1万亿美元	利用石油等资源收入在政府的主导下进行资产运用。中东国家运用较多。

＊资产运用规模都是行业估算数字

图表12-2 商业银行和投资银行业务的区别

虽不能说这些投资者都是"投机性的",但投资者的多样化使投机性行为增多是不争的事实。但是,如果投机过度地抑制投资,就会有使市场失去流动性的风险。投机性的交易支撑了"可以随时买、随时卖"的市场结构,为长期稳定的资产运用提供了合理的价格通胀,这一点是不可否认的。

在包含了这种悖论的资本市场中，针对某新兴国家市场进行的投机性行为，会连锁性地增加其他新兴国家市场的出售压力，因此也伴随着"蔓延风险"。2013年发生的危机就是典型的例子。

此外，我们也看到，类似于ETF这种面向发达国家而开发出来的资产运用商品被新兴国家市场导入，通过短期交易，使价格波动幅度增大到夸张的程度。新兴国家市场因为这种市场结构的变化，开始受迫于短期资金的压力。

3. 地缘政治风险抬头

某个地区政治上或军事上的紧张关系会影响到世界金融和资本市场，这被叫作"地缘政治风险"。中东各国的石油问题就是具有代表性的例子。原油价格总是成为扰乱世界经济的原因，诱导出售风险资产和购入安全资产。例如，1990年8月伊拉克突然进攻科威特使原油价格暴涨，引起日本的长期利率急速上升，市场陷入大混乱。

再如，2001年9月美国多地同时发生的恐怖袭击事件，给世界带来冲击的同时，也使外汇、股市、债券、商品等全部市场笼罩在恐怖之中。后来，美国对阿富汗、伊拉克等地展开攻击时，当时的美国联邦储备委员会主席格林斯潘将这种不确定性的状况称之为"地缘政治风险"，而后市场也开始沿用这种说法。

地缘政治学原本是研究地理关系如何影响国际关系的学科，并不只局限于市场经济。在今日的市场中，不只是原油价格问题，朝鲜的核导弹问题、乌克兰的内战、伊朗的核开发问题等都被作为"地缘政治风险"。这其中只要稍稍出现一点蹊跷，市场就会出现敏感反应的倾向越来越强烈。

出现地缘政治风险时，市场上"逃避风险"和"买入安全资产"的动向就变得十分显著。具体来说就是外汇市场上的日元买入、瑞士法郎买入、国债市场上的美国国债买入，股市上的一齐抛售等现象。

这里我们来概观一下2014年出现的两个地缘政治风险：一个是乌克兰内战，另一个是伊拉克分裂危机。

乌克兰自1991年独立以来，亲欧的西部和亲俄的东部之间的对立关系一直持续。2013年以亲俄派推迟加入欧盟协议为契机，亲欧美派、民族主义者和右翼势力等在野党势力集结发起了反政府运动，与政府军的武装冲突不断激化。乌克兰国会通过表决将亚努科维奇总统革职之后，他逃亡到俄罗斯，俄罗斯据此开始军事介入。处于反对立场的欧美各国，以马来西亚客机坠落事件为由开始对俄罗斯进行经济制裁，这对俄罗斯实体经济和资本市场均有不小的影响。

但是，鲁莽地将乌克兰问题归结为"现代的风险"是不正确的。通过俄罗斯的动向可以看出，乌克兰问题表明冷战并未完全终结。西欧各国均将苏联解体和中东欧各国独立作为"冷战终结"的标志，但实际上，关于安全保障的危机意识依然顽固地留在俄罗斯。前述的"伯南克冲击"导致乌克兰大量抛售本国货币，其国债也遭受了冲击而向俄罗斯求助。这是在亚努科维奇被革职的背景中，不能忽视的金融市场因素。这些也使得乌克兰加入欧盟的协议被推迟，引发了总统下台、克里米亚公投，以及乌克兰内战激化等诸多问题。

另一方面,伊拉克分裂危机是横跨伊拉克和叙利亚的逊尼派极端组织"伊斯兰国(IS)"、主导政权的什叶派和逊尼派,以及库尔德族的三派分裂伊拉克的风险。

这个问题不只是恐怖袭击那么简单,而是一场否认第一次世界大战之后中东地区形成的国家独立和国际秩序,破坏伊拉克等国家概念的政治运动。也就是说,这也不是"现代的风险",而是相当根深蒂固的中东风险的一个表象而已。

这两个地缘政治风险,是两次世界大战后形成的。并非是什么新奇的风险。正因为如此,同样的对立和纷争在其他地区随时都可能发生。而其意外性和突发性,总是使市场经济和资本市场发生波动。

4. 影子银行的阴霾

同"银行"相区别的金融机构一般被称为"非银行金融机构"[①],在宽松的规制下其金融中介职能又被称为"影子银行"。从国际的视角来看,欧美市场中这种机构成为"下一次危机的火种"的可能性也存在。

要了解影子银行的整体情况,最具参考价值的是2013年11月金融稳定委员会(FSB,Financial Stability Board)公布的调查结果。这个报告根据

---

① 非银行金融机构:不持有吸纳存款的银行的营业执照,进行授信业务的金融公司。分为信贷公司、信用卡公司等面向个人的机构和事业金融公司、租赁公司等面向法人的机构。

2012年年末世界约90%的金融资产为对象,推算出以"非银行金融机构"中介的资金规模约为71万亿美元,这被看作是保守估计的"影子银行"的规模。此外,因为对冲基金等难以正确把握的机构的存在,影子银行的规模已经超过100万亿美元的看法也存在。

71万亿美元的数字,占据了世界整体财富的24%,约为银行资产的一半,相当于世界经济(GDP)的117%。从雷曼危机之后的倾向来看,与商业银行的活跃度达到极限相对比,影子银行的势头却在不断增强。

其中占有率最大的,是达到21万亿美元额度的"投资基金"(共同基金和对冲基金除外),占35%。紧随其后的是额度为7万亿美元的自营商,占12%。还有,被称为结构性融资(SFV,Structured Finance Vehicle)的特殊运用公司以5万亿美元占据8%,之后是金融公司、共同基金、房地产投资信托基金等。

从国家来看,美国的26万亿美元为最大,欧元区为22万亿美元,之后是英国的9万亿美元和日本的4万亿美元。比较2011年时的占有率的话,美国由35%上升到37%,而欧元区、英国和日本则分别下降1%~2%。

美国的银行融资占有率不断下降之中,发挥出重要作用的,是深入融资和公司债投资等领域的私募基金和对冲基金,说它们是资本市场的主角也不为过。

这种新金融机构的扩大,作为市场补充得到了很高的评价。但是基金势力的抬头,是基于2007~2008年的危机教训,银行推进资产负债表健全化的结果,不过是将风险转移到规制宽松的其他产业而已。从资本市场的观点来看,"危险的结构变得更加难以察觉"的印象没有改变。

不断寻求成长机会就要向企业提供稳定的信用供给途径,而资产规模均已扩大到3万亿美元的私募基金和对冲基金,潜在着个别的金融机构或特定的市场风险会波及金融全体的新的系统风险。

把补充资本市场的影子银行等都一概当成坏人是不对的,但这其中,一些妄想一掷千金的投机资金总在暗中活动也是事实。投机派虽然从很久前就已存在,但其今日的资产规模已经不能与10年前同日而语了。

银行规制的强化使得过去那种连锁型金融危机不再发生。但是,持有与从前有着天壤之别的市场影响力的影子银行,乘着金融缓和的波浪引发资产泡沫的可能性并没有消失。

巴塞尔银行监理委员会和各国金融管理机构,针对复杂化的银行业务导入规制已经是竭尽全力了,还不得不应对来自银行的激烈的反抗。然而,这也只不过是国际金融世界的半个场地而已。与此相对,时刻追逐眼前的利益的影子银行资金到处活动,甚至出现开始捉弄中央银行的状况。经历了诸多危机,市场终于可以确保"永远稳定",是想要却终又无法得到的。

5. 中央银行的风险不断增大

2008年雷曼危机之后，美国联邦储备委员会导入了零利率政策和购入国债及抵押担保证券的量化宽松政策，英国中央银行也买入国债实行量化宽松政策。欧洲中央银行则下调政策利率到史上最低水平，日本银行也从设立"资产购入基金"到"异次元的量化宽松"，导入了大规模的量化宽松政策。

这种政策对实体经济的恢复到底有多少效果，各国的专家之间也存在着很大的意见分歧。但是，在促进股价和不动产价格等风险资产的价格大幅上升这一点上，基本全世界都赞同。

美国联邦储备委员会前主席伯南克和英国中央银行首席经济学家安迪·霍尔丹理事也坦率地承认，其目的是股价和住宅价格的上涨诱导消费增加的"资产效果"。安倍政府放出的三支箭的"第一支箭（量化宽松）"，其目的说是通货紧缩对策，但事实上也存在着提升股价、提高景气的意图。

导入量化宽松政策是力图通过股市的活跃状况提高期待感，强化成长力的根源。然而，量化宽松却因难以走向终点而长期化，这酿成了金融市场和企业经营过度依赖宽松政策的松懈氛围。特别棘手的是，在资本市场和不动产市场中出现的资产泡沫的征兆。

在英国，以"都心"为中心的住宅价格急速上涨，它的影响开始波及德国等地。在美国，垃圾债券（Junk bond）、杠杆贷款（Leveraged Loan，面向低信用企业的贷款）、证券化市场、地方债市场等被称作"信用"的市场中，资产价格大幅上涨，风险溢价迅速下跌。

在日本，2012年秋以后股价也开始急涨，不动产市场也变得活跃。资产价格被定在相对便宜水平的日本，虽然还不能用"泡沫"来形容，但对于物价只稍有上升而对追加量化宽松的期待不减的现象，是"日银依存症"增强的佐证。

本是用于争取时间的货币政策，却给了人们"量化宽松政策可以实现以前的高经济增长率"这样的错误信息，这也是不可否认的事实。另外，市场抱有的在不调整量化宽松政策带来资产价格上升的情况下开始利率正常化的幻想，也是事实。

实际上，利率上升的时期逼近的话，摆出轻松姿态的投资者就会从债券市场一齐撤退，有爆发抛售的可能性。过去，投资银行一直承担着吸收这种恐慌性抛售的职能，但在因规制强化而受限于自我买卖①的现状中，失去了作为载体的能力。

在美国发生的债券抛售有可能波及欧洲和日本。日本的国债市场，因为日本银行大量买入，事实上已经失去了市场职能。这时如果"大量抛售"到来的话，与没有民间的载体是一样的。日本银行已经处于要与财政财源②相抵触的状况，剩余的购买能力是有限的。最坏的情况是伴随着财政不安，长期利率急涨到2%~3%。

麻生财务相虽然声称"只要在国内消化国债，国债就不会出问题"，

---

① 自我买卖：证券公司或银行自己勘定股票和债券、外汇等进行交易。
② 财政财源：又叫作"国债的货币化"，是通过中央银行直接买入国家发行的国债等，填补财政赤字的做法。在失去政府的财政规律的同时，有着货币的增发变得无法停止，继而引发恶性通货膨胀的风险，因此发达国家均禁止中央银行认购国债，日本也由《财政法》第5条在原则上禁止。

但这并没有任何市场说服力。想要救助市场经济的中央银行，今后有可能成为市场经济风险的原因，这一点是我们应该更加注意的。

如上所述，当今的世界经济和资本市场，可以用埋藏了数个定时炸弹的"脆弱的世界"来形容。2008年以后，各国中央银行实行的强力的量化宽松政策，虽然封锁了各种风险，但以美国为首的货币政策正常化的"出口战略"的方向性变得明确后，就不得不丢掉一直以来的"中央银行什么都会为我们做的"浅薄的期待感。

在世界各地开始出现的地缘政治风险，以乌克兰问题为代表，与其说是单发型的政治、军事现象，不如说是以日美欧的市场主义经济同俄罗斯等国家资本经济相对立的新的结构对立开始发生变化。

也就是说，现在的我们处于超量化宽松时代和后冷战时代这两股时代洪流交汇的尾声。在这其间，也许会发生未曾有过的形式的危机，而那时，是否可以寄托希望于已经有巨额公共债务的政府和买入了大量国债的中央银行，也是一个疑问。

但是，如第一章看到的一样，市场经济直面了过去的多次危机，每一次都克服了严峻的状况。原本，民间经济就具备这样的能力。不管危机在何时何地发生都能完全防止是不可能的，但金融史告诉我们，一定会有解决的途径。不卑不亢，准确地观察经济和金融的现状，是实现健全成长的原动力。

👉 第12章要点

伯南克冲击：美国表明缩减宽松政策，避险（Risk-off）的动向增强，投机派开始攻击财政收支和经常项目收支赤字且对外债务比率较高的新兴国家，被称为"脆弱的五国"的巴西、印度、印度尼西亚、土耳其和南非的货币开始急速下跌。

●2013年再度被危机袭击的新兴国家，相对20世纪90年代有所改革的要点是，为防守本国货币积累了大量的外汇储备、外汇汇率由固定汇率制变为浮动汇率制，以及经常项目收支处于改善倾向等。但是，作为不利的环境变化，投资者变得多样化，资本市场发生了结构变化，市场价格的振幅变得更容易增加。

●某个地区政治或军事上的紧张关系影响世界金融和资本市场的"地缘政治风险"变得越发明显。地缘政治风险越高，避险和买入"安全资产"的动向就更为显著，外汇市场中买入日元、瑞士法郎，债券市场中买入美国国债，而在股市一齐抛售。

●作为规制对象的商业银行之外的金融机构所提供的投融资，即"影子银行"，不断扩大，拥有最大占有率的美国的情况是需要关注的。

后 记

从中世纪的欧洲出现以"资本"为动力的经济系统的原型到今天已经有大概1000年了,纵观经济壮大的历程,本书所讲述的事件,也只能说是沧海一粟。

然而,在这短暂的一瞬间里发生的如此程度的大"地震",数次袭击世界经济的事实是值得一提的。但是,我们经历过了危机,却经常不去深究危机的原因就忘记这些惨痛的事实,或是将制度上的问题置之不理。

这也从反面促使了危机的不断重复。比如,新兴国家的问题以一定的时间间隔重复发生,就是典型的例子。不可否认市场经济是极好的系统,但它并非完美也确是事实。可以说,完善市场经济是学习金融史的目的吧。

今天,资本主义的终结和经济增长的终结等悲观论调有所增加,这是未经思考太过轻浮的观点。将危机的影响最小化,寻找新的成长机会不正是我们的使命吗?而为此应该将视点置于何处,需要从金融史中获取答案。

本书第十二章的部分内容,是日经BP社刊载的文章经过修改后使用的。借此后记对同意使用这些内容的日经BP社表示感谢。

最后要说的是,本书的企划是出于钻石社书籍编辑柴田(Shibata Mutsumi)君的提案。从文体的构成、用语解说、制作年表到寻找照片等方方面面都得到了柴田君的帮助。如果说本书的内容通俗易懂的话,那都是承蒙柴田君的协助。

仓都康行